FISH! STICKS™

フィッシュ！おかわり

オフィスをもっとぴちぴちにする３つの秘訣

スティーヴン・C・ランディン、ジョン・クリステンセン＆ハリー・ポール
青山陽子＝訳

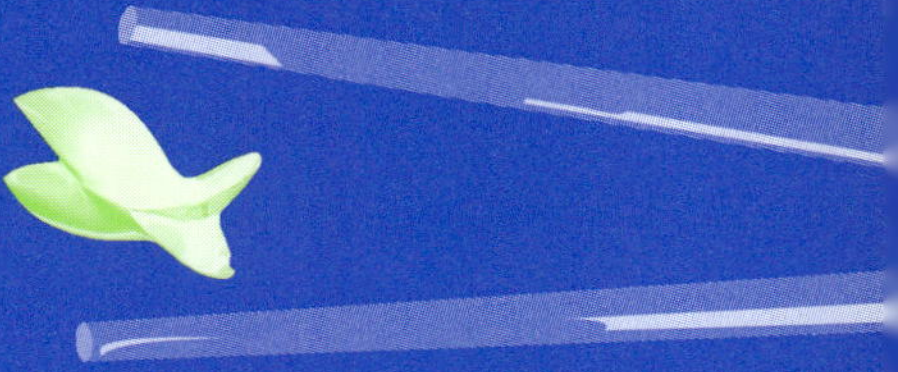

早川書房

フィッシュ！ おかわり

オフィスをもっとぴちぴちにする3つの秘訣

FISH!　STICKS

A Remarkable Way to Adapt to Changing Times

and Keep Your Work Fresh

by

Stephen C. Lundin, Ph.D.,

John Christensen, and Harry Paul

Translated by

Yoko Aoyama

Originally published in the United States and Canada by

Hyperion

First published 2003 in Japan by

Hayakawa Publishing, Inc.

This book is published in Japan by

arrangement with

Hyperion

an imprint of Buena Vista Books, Inc.

through The English Agency (Japan) Ltd.

目次

はじめに――変化を持続させるには

スティーヴン・C・ランディン

何かを変えることは難しいと言う人もいる。だが、わたしに言わせれば、変えることなどとてもたやすいことだ。しかし、もしほんとうの変化を望んでいるのなら、その変化が続くようにすべきである。仕事をしているすべての人間がその変化に係わらなければならないのなら、なおさらである。

あなたがより豊かなビジネスライフを続けたいと思っている一人の人間であろうと、あるいは新しいハイレベルの生産性を維持したいと考えている経営者であろうと関係ない。

職場改善の変化を持続させるというのは経営者であれ従業員であれ、リーダーシップが真に問われることなのである。新しくつくった制度を継続させたり、仕事をより充実させるようにしたり、重要な顧客サービスのプログラムを更新しつづけたり、参加重視の経営方式を維持するには、改革を始めるときに使われたものとは違う特別な原理が必要である。

大きなスケールの変化は、いつも華々しく起きる。だから、最初、そこには莫大なエネルギーがある。会議、トレーニング・プログラム、普段の場所を離れての研修や交流、風船やバッジ、コンテスト、小さなカード、会報の記事、ポスター、ビデオなどは典型的な例である。そしてもちろん、それらには何の問題もない。外からの働きかけは、忙しい世界にいる我々の注意を引きつけてはくれる。だが、外からの働きかけでは、変化を維持することはできない。維持するためには、違うところからくる力、つまり自然にわいてくる力が必要なのである。

風船がぺしゃんこになって、コンテストが閉会し、トレーニングが終われば、やがて次の新しいものを探そうとするごく自然な人間の性癖がむくむくと頭をもたげはじめ、そのときに昔のやり方に戻ろうとする引力のようなものが必ず現われるのである。そのような状況にあるとき、ちょうどアクセルから足を離して急激に減速していくような感覚に襲われるだろう。

この引力は様々なかたちで現われる。いくつか挙げると、気が散る、忙しい、反感を抱く、飽きる、忘れる、シニカルになる、妨害する、などである。問題となっているものが、新しいダイエットであろうと、仕事の新しいやり方であろうと、あまり関係ない。あらゆるすばらしい変化は引力の影響を受けるのである。だから引力の影響を防いで変化をうまく維持することこそ、退屈な職場、凡庸な人間から離れてすばらしい職場をつくり、すばらしい人間になる秘訣なのだ。

わたしはこの二十年間、ＭＢＡ（経営管理学修士）や会社のセミナーの生徒たちに、変化の秘訣を教え、また、変化しつづけている環境で自分自身も仕事をしてきた。そして、『フィッシュ！』を共同執筆し、また同じタイトルのビデオにも取り組んだ。それ以来、わたしは『フィッシュ！』やほかのビジネス書の原理を採り入れた組織を観察できるようになり、あらゆる重要な問題に取り組み、ポジティブな変化を起こしてきた。〈フィッシュ！　哲学〉に目を向けた人たちは、仕事の質、顧客サービス、従業員の確保、革新のための設備、生産性、雇用の向上が職場にはいますぐ必要だと感じ、そういった問題に取り組んだ。またある人たちは、単にもっと仕事を楽しむ方法を〈フィッシュ！　哲学〉から学んだ。

この三年間、わたしは百万マイル近くを旅し、組織の大きな変革をなんとか実行しようとしている人々と話し、そして彼らのもとを訪ねた。わたしは、最初に変革が発表されたときの興奮が色あせてしまったあとも、変化する努力が続けられていることに特に触発《インスパイア》された。何かが新しくなるときには莫大なエネルギーがあふれるが、一年もするとそれを持続させるにはより深いエネルギー源が必要になる。わたしはその源を見つけて成功している組織をたくさん見てきた。

本書の登場人物が紹介する知恵は、実在の組織で変化を維持している実在の人々から教えてもらったものである。『フィッシュ！』の着想の元となった世界的に有名なパイク・

はじめに——変化を持続させるには

プレイス魚市場は、もちろんいまも続いている多くのサクセス・ストーリーの一つであり、そこから我々は価値のある教えを学んだ。

本書はわたしの頭のなかで創作した物語だが、我々三人がこの数年間に経験した多くのことに基づいている。ジョン・クリステンセンは、彼の会社〈チャートハウス・インターナショナル〉の中核となる「フィッシュ！」をつくりつづけているが、そこでは仕事を通して常に物語が集められ、可能性に満ちた言葉があふれている。ハリー・ポールは旅をしているうちに「フィッシュ！」について語り、相談にのるという生活を見つけだした。ハリーが何かを分け与えない日はほとんどない。

もちろん、わたしたちがいまあるのは、自分たちの職場や生活に新しい可能性を持ちこんだ大勢の人たちのおかげである。失敗した人もいれば、成功した人もいるし、そして多くの人たちにとっては話すのが時期尚早だった。だが、わたしたちは彼らからあらゆることを学んだのだ。『フィッシュ！　おかわり』にはあらゆる有意義な変化を維持するためにどのように自分が係わっていけばいいかが書かれている。これは実はあなたの物語なのであって、たまたまわたしがそれを書いただけのことなのである。

アメリカ合衆国、ミネソタ州、ルツンにて

二〇〇二年秋

大きな変化にまず必要なのは外からの働きかけである。新しいビジョンを実現するためには、まずみんなの注意を引かなければならない。

でも、外からの働きかけはほんの短いあいだだけしか効き目がない。変化を持続させるためには、最終的に外からの力を自然な力に換えていかなければならない。

1　ぎすぎすした職場は誰のせい？

ブランチでの悩み相談――わたしの能力不足なの？

ロンダとウィル・ブロックはいつもと同じ日曜日を過ごしていた。ロンダはゴスペルの聖歌隊で歌い、ウィルは教会の最前列に子どもたちといっしょに座る。それから、老人ホームへ行き、祖母とのひとときを過ごした。だが、今日のようにちょっと特別な日曜日には、そのあとでショッピングモールへ行った。そこで子どもたちはファーストフードを食べるのだが、ロンダとウィルは子どもたちがたったの九十秒で食べ物をたいらげてしまうのを楽しく見ていた。それから、ウィルは子どもたちとベビーシッターを映画館に連れていき、ロンダはその名も〈ブランチ〉という小さくてすてきなレストランでボックス席をとるため列に並んで待った。

この日曜日、ロンダは行列に並んでウィルを待っているあいだ、ふとグッド・サマリタン病院のことを考えはじめていた。この病院はニュージャージー州と隣接三州全域に二十数軒もの病院や診療所を持つグッド・サマリタン・ホスピタル・グループの中心である。ロンダは十一年間グッド・サマリタンで働いているが、仕事のことを考えると、自分がどんどん緊張していくのがわかった。

「おいおい、しかめっ面なんかして、いつもの笑顔はどうした？」

「ちょうどグッド・サマリタンのことを考えているところだったのよ、ウィル。ごめんなさい。仕事のことはなしっていう、わたしたちのつくった日曜日の規則その一を破ってしまって悪かったわ。自分を大人だと思っている十一歳の男の子と、映画館にもお人形を持っていく七歳の女の子両方にぴったりな映画を探すのは、大変だったでしょう？」

「いつものことさ。《シャフト》はR指定だけどいい映画だって、マイクはぼくを説得しようとしていた。シャフト刑事はすばらしいお手本になるかもしれないし、いけないシーンのあいだは妹の目を手でふさいでおくからとマイクが言うんだ。もちろんミアは兄貴の言うところならどこへでも喜んでついていくけど、ぼくは、G（一般向き）かPG（保護者同伴推奨）の映画を見つけなきゃいけないと二人に言い聞かせたよ。それで、《ハリー・ポッター》の新作に落ち着いたんだ。アンがすごくおもしろい映画だって言ってくれたおかげでね」

しばらくのあいだ、ロンダはとてもすてきな継娘のアンの輝くような顔を思い浮かべていた。アンはいま二十四歳で、ロサンゼルスに住んでいる。

ロンダとウィルがボックス席について注文をすませると、ウィルは妻の顔をじっくりと観察した。彼は妻が何かにひどく悩んでいることを知っていた。彼が妻につけたあだ名は〝ハッピー・フェイス〟。なぜならロンダは彼の知っている人間のなかで最も陽気な一人として数えられるからだ。彼女なら、気難しい軍人にさえ、ちょっと挨拶を交わしただけで自分の家族写真を見せてしまうことだってできるだろう。だが、今日の彼女はいつもとは違って、明らかに雰囲気が暗い。

「日曜日の規則のことは忘れよう、ロンダ。仕事で何があったのか話してくれないか？」

「ウィル、実はわたし、新しい仕事がうまくいっていないの」

「そんなはずはないだろう」ウィルは即座にそう応えた。

「いいえ、ほんとうにうまくいっていないのよ。マデリーンがいなくなって、わたしが昇格したとき、わたしは自分が彼女のようなすばらしいお手本にかなうかどうかなんて心配しないようにしていた。マデリーンはわたしにとって神様みたいな存在だったわ。つまり、わたしは彼女を崇拝していたの。神経内科病棟は陰鬱な雰囲気だったし、人にも元気がなかったから、誰もそこで働きたがらなかった。でも、彼女はそんな病棟に活気を与えてくれて、あそこをグッド・サマリタンの貴重な宝にしてしまったのよ。いまでもわたしたちの成功を見ようと、病院内だけじゃなくてほかの病院からも偉い人たちがやってくるほどなのよ。マデリーンは、六階の神経科病棟が必ずしもつまらなくていやな場所ではないんだってこと、そしてわたしたちが仕事をするのにも、患者さんにとってもよりよい場所にすることができるんだってことを、気づかせてくれたわ。そして彼女の指導のもと、わたしたちはそうなるように実行したの。

マデリーンがあの病棟の看護師長になる前の、昔の日々をはっきり憶えているわ。わたしは看護師の仕事がずっと好きだったけど、職場に行くのは気が進まなかった。いつもの前向きな態度でいようとしたけれど、それは大変だったわ。毎晩、家に帰ってくると、心身ともにくたくただったのよ。あなたも憶えているでしょうけどね。

やがて、ある日、マデリーンが昇進して病棟にやってきたの。わたしたちにビデオを見せて、一冊の本を読むようにと渡してくれたんだけど、それがわたしたちの注意をあっという間に引いてしまったのよ。そのビデオと本のタイトルがすごく変わっていたので、最初、わたしたちは彼女がふざけているんだと思ったわ。彼女はそのビデオや本の原理を使って、どうすればわたしたちが仕事をするのによりよい場所をつくれるかということを考える手助けをしてくれたのよ」

ロンダが食事を一口食べようと言葉を切ったとき、ウィルが尋ねた。「いまの話には、

〝わたしたち〟という言葉ばかり出てきたね? だが、マデリーンが実際に力を貸してほしいと頼っていたのは〝きみ〟じゃなかったのかい? そして、しばらくはその信念を持っていたのはきみたち二人だけじゃなかったのかな?」ウィルは、ロンダが同僚たちにいらだっていたことを思い出していた。同僚たちは、自分たちに影響を与えるあらゆる試みに対してとても懐疑的だったからだ。「また新しい研修ね」と彼らは言っていた。「これもまたすぐに過ぎるよ」そして、あの有名な言葉「行きました。終わりました。Tシャツをもらいました」。

ロンダは食べ物をのみこむと、話を引き継いだ。「それは事実だけど、みんなが慎重になることは責められないわ。ヘルスケアの分野では、これまでもずいぶんいろいろな変化があったから、みんながまた時間の無駄づかいになるんじゃないかって、シニカルになったり、抵抗するようになってしまったのよ。でも、それがただの新しい研修なんかじゃなくて、ほんとうにすばらしいものを協力してつくりだす第一歩だとみんなが気づいたとたん、あっという間にエネルギーがあふれてきたわ。病院のほかの科の人たちもすぐに気づいたほどよ。マデリーンはいわば有名人になったの。わたしたちは彼女が〝スタッフのあいだに病気を感染させていった〟と冗談を言ったものよ。ただしそれは、喜びや気づかいや思いやりを広めるものだけどね。ちょうどその頃から、マデリーンはグッド・サマリタン・ホスピタル・グループのほかの場所も手伝いはじめた。いいことを広めたから、東海岸全部の病院のコンサルタントになってくれと頼まれたのよ」

「ロンダ、その話はよく知っているよ。マデリーンが精力的なことはわかってる。でもきみだって、そうだよ。彼女はきみのことをとても信頼していたね。そして彼女はみんなに、きみなら自分の仕事、つまり神経内科病棟のきりもりを引き継ぐことができると完全に信じているってみんなに話したんだよね」

「ええ、それはわかっているわ。それに、わたしは自分がほんとうに彼女の力になってきたと信じているの。でも、いま彼女の仕事をするようになって、自分があのエネルギーを持続させることができるかどうか考えるようになったの。そして、今週、わたしは自分にはできないんじゃないかって思いはじめたわ」

「何かあったの？」

「三週間前に入ったジュアンという看護助手がいるの。で、昨日、ジュアンにこう言われたわ。彼は神経内科でしている仕事は好きだけど、自分がここの一員だと感じられない。だから、転属できるよう力添えしてほしいって。ウィル、彼は有能で、思いやりのある看護助手で、わたしたちの病棟にまさに必要とされているような人物なのよ。それなのに彼はわたしたちのところにいたくないって言うの！　わたしがきっと何かとんでもない失敗をしてしまったに違いないわ。以前も人がいなくなることはあったけど、この二年間は別の科に移った人はいないのよ。六階に異動したいと待っている人はいまだにたくさんいるというのに。でも、このことはわたしたちが昔のような状態に戻りつつあるという警告のように思えるの。それに、心配事はほかにもあるわ」

「たとえば？」

「うまく言えないんだけど、病棟の活気が以前と違う感じがするのよ。看護師たちの元気のいい声を聞くことがなくなったわ。それに、ナースコールのランプに誰かが応えるまでに、どんどん時間がかかるようになっている気がするの。看護師がほかの看護師に手伝いましょうかと声をかけることも以前より減ってきたし、いやな仕事があるとスタッフが姿を消してしまうように思えるの。

先週、モルヒネの点滴をしていた患者さんが吐いてしまったんだけど、たまたまその患者さんの部屋の前を通りかかった最初の人間がわたしだったの。わたしが彼のためにナースコールのボタンを押したあと、患者さんの体をきれいにして、新しい寝巻きに着替えさせるのを手伝いにスタッフが来るまで、気が遠くなるほど長い時間がかかったのよ」

「わかったよ、ロンダ。でも、きみは自分の基準がとても高いということを認めなきゃいけないよ。おそらく、それは単に一時的なことさ。新しいスタッフが入ってきて、看護師のうち二人が産休に入っているから、新しいスタッフが仕事に慣れるのにちょっと時間がかかっているだけかもしれないよ」

「そうであることを願いたいわ、ウィル。わたしにとってつらいのは、うまくいっていたことを任されたのに、いままではそれが以前と同じようにうまくいかなくなってしまったということなの。まるでわたしのせいのような気がするのよ」

さえない月曜日の朝

ロンダが階段のドアを開けると、六階では皆忙しく働いていた。彼女は休憩室に向かった。そこにはコーヒーメーカーと、主に持ってきた食べ物の鮮度を保つために使われている冷蔵庫があった。ロンダは休憩室に入り、そこにいた三人それぞれにあたたかな声で「おはよう」と挨拶した。二人が明るい声で挨拶を返した。一人で座っていたジュアンはほとんど顔を上げさえしなかった。**ジュアンったら、いったいどうしたのかしら。**ロンダは思った。

それからロンダは休憩室から自分のオフィスへ向かった。その途中、彼女はいくつかの患者の部屋の前を通り過ぎた。二つの部屋のドアの上でナースコールのランプが点滅していたので、ロンダが最初の部屋に入ると、スワンソン夫人がコップ一杯の水をほしがっていただけだった。ロンダがとてもおしゃべりなスワンソン夫人からようやく解放されたとき、二つ目のドアの上のランプはまだ点滅していた。近づいていくと、その部屋に二人の看護師が立っているのが見えた。ベッドにいるのはルイス・アンダーソンというもの静かで少し内気な女性と、同室の患者《ルームメイト》。ルームメイトは夜のうちにこの部屋に入ってきて、眠ったり起きたりしていた。

二人の看護師たちはテレビ番組の話をしているらしく、ルイスにもナースコールのランプにも気づいていなかった。ロンダが静かだが明るい声で「おはよう」と言って病室へ入っていくと、二人の看護師たちは驚いたような表情でロンダを見た。

「おはよう、ロンダ。ゆうべ、テレビで新作の《サバイバー》を見た？　あんな気持ちわるいものを食べなきゃならないなんて信じられないでしょう？」

「ええ、きっとそうね」ロンダは応えた。「ところで、あなたがた、二人とも、ルイスのナースコールのランプが点滅しているのに気づかなかったの？」

二人は同時にルイスを見た。ルイスはもごもごと小さな声で「トイレに行きたいから、誰か手を貸してちょうだい」と言っている。

片方の看護師がおどおどと口ごもりながら「わたしが付き添います」と言い、もう一人は部屋を出ようと後ずさりをはじめた。ロンダはそのあとを追った。

「これはいったいどういうことなの、ロブ?」

「すまなかった、ロンダ。ぼくたちは《サバイバー》を毎回見ているものだから、ついあの番組のことで話しこんでしまったんだ。あれはほんとうにすごい番組なんだよ」

「それを病室で話していたわけ、ロブ?」

「あまりよろしくないってことだね?」

「病室で患者さんに関係のない話をするのはいただけないわね。あなたたちが言っていたような〝気持ちわるい食べ物〟なんて話なら、なおさらだわ。ルイスは助けを待っていたのに、あなたたちはそのことさえ気づかなかった。彼女と同じ部屋にいたというのによ。これは以前わたしたちがつくりたいと言ったような環境ではないわ」

ちょうどそのとき、二人の後ろから、仕事熱心なヘルパーの一人であるポールが、中年男性を寝かせたストレッチャーを押してきた。ストレッチャーの上のフックには二本の点滴のボトルが吊るされている。

「おはよう、ポール。この方は新しい患者さん、それともどこかから移ってこられたの？」

「アボットさんは集中治療室に一週間入っていらしたけど、今朝、出ることになったんだ。それで、この方を六一四号室にお連れしているところだよ。ゆうべ、ジョージ・ワシントン橋で事故があって、被害に遭った人たちがうちの病院に運ばれてきてね。そんなことでもなければ、アボットさんはあと一日ぐらい集中治療室にいるはずなんだろうけど、ベッドが必要になったものだから」

「わかったわ、ポール。それじゃ、アボットさんには特別な注意が必要ね」

ロンダはほとんど無反応なアボット氏の耳元で話しかけた。「わたくしどもがここでお世話いたしますからね、アボットさん。あとで様子を見にうかがいます」

ロンダがポールと話しているあいだに、ロブはすり抜けて行ってしまった。

ロンダが自分のオフィスに入ると、電話のベルが鳴っていた。その日はそれから大忙しで休む暇もなかった。足りないベッド、病欠している看護師たち、間違って届いた物品、挨拶しなければならない家族たち、話をしなければならないスタッフ、基本的ないつもの業務、予定に組みこまれていた研修、等々。ロンダが自分自身の問題や、新しく思いついたことについて話す前に、午後も遅くになっていた。

ロンダは六階の中央にあるナースステーションに向かっていた。そこは建物の三つの棟の中心でエレベーターがある。彼女は昔の自分を思い出させるような会話を小耳にはさんだ。二十五年のキャリアを持つマージという厳しい看護師が、ベスに引き継ぎをしていた。ベスは若いが、あっという間にこのフロアのリーダーになった看護師だ。ちょうどベスが交替で仕事に入るところだった。

マージがこう言っているのが聞こえた。「六一四号室の男性は腰にひどい痛みがあるわ。どうしてもう一日、集中治療室に入れておいてくれなかったのかしら？ あの患者さんのナースコールのランプは点滅しっぱなしだけど、行っても何をしゃべっているのかわからないの。だから、あの患者さん、ひどくいらだっているのよ。こんなきつい仕事には愚痴のひとつも言いたくなるわね。とにかく、あの患者さんのことはしっかり見ていてちょうだい」マージはここでまくしたてるのをやめた。

「こんにちは、ベス。マージが話していたのは、うちの新しい患者さんのアボットさんのことかしら？」

「ロンダ、あなたが来ていたことに気づかなかったわ。ちょうどいま、マージに問題について話してもらっていたところよ」

「その問題って、名前のある患者さんのことを言っているんじゃないの、ベス？」

ベスははっとして口を開け、顔もみるみるうちに真っ赤になった。それから彼女は笑って言った。「だめね」

「あなたはここのリーダーなのよ、ベス。だから、ちょっとした失敗についてくどくど言いたくないけれど、もっと心配なことがあるの。もしできたら、いったい何が起こっているのかわかるよう、わたしに力を貸してちょうだい。あなたは六階の看護に対する新しいアプローチに参加するということをはっきり示すために、いちばん最初に名札に飾りをつけた人だわ。そして、仕事に生き生きとしたエネルギーを持ちこめば、職場での生活や看護の質がどれほど改善されるだろうかといっしょに考えてくれたわよね。スタッフが患者さんやお互いに注意を向けようと選択したとき、あなたはみんなを率先していた。そしていま、この病院中でほかの科がわたしたちを手本にしているわ。あなたはこのフロアで初期の段階から一生懸命やってきた小さな中心の一人なのよ。でも、すべてが始まったこの六階で、わたしたちはそれを失いつつあるような気がしているの。そう思うのはわたしだけかしら？　それとも何かが起きているの？」

「ぜんぜん気づかなかったわ、ロンダ。ここで起きたことにわたしがどんなに興奮していたか、あなたも知っているわよね。わたしは朝になって職場に来るのが楽しみでたまらなかった。だから、苦労してもやりがいがあったわ。わたしはいつも自分のしていた仕事を楽しんでいたわけじゃないの。便器や点滴は心ときめくようなものではないものね。でも、わたしはみんなといっしょに働くというプロセスや、わたしたちの看護のやり方をいつも楽しんでいたの。

お客さんに全身全霊で注意を向けて魚を売っている、魚市場の店員たちの話には、本当に心を打たれたわ。そして、患者さんたちを相手にしている自分の仕事にも関係があることだってわかった。でも、ストレスが増えてくると、可能性なんてときどき忘れてしまって、ただ黙々と仕事をするだけになってしまうでしょう？　それに、いまとてもストレスが増えているような状態だわ。病室はいっぱいだし、大勢の患者さんたちがたくさんのケアを求めている。なかには、ただ仕事をこなすだけで、完全に疲れきってしまう人もいるのよ。たぶん、自分の目的を見失ってしまうのね。でも、どうかわかって。わたしは自分たちが築き上げてきたものに対して、前向きな姿勢を少しも失ってはいないわ」

「六階での新しい看護方法についてあなたが言ったこと、憶えている？　そしてあなたがそれにどんなふうに取り組んだかということを？」

「何のことを言っているのかよくわからないわ、ロンダ」

「あなたはこう言ったのよ。自分たちはここの看護師として、常に患者さんの体をきちんとケアしているけど、今度は、患者さんには体だけじゃなく心もあることに気づかなきゃいけないってね。わたしがその言葉にどれほど感動したか、いままであなたに伝えたかどうかわからないけど。とにかく、わたしたちはせっかく進歩してきたんだから、その状態を続ける方法を考えなきゃいけないわ。わたしたちの患者さんたちには心がある、そうよね、ベス。そしてわたしたちにも！　もしいま逆戻りしてしまったら、わたしたちにとってもよくないのよ」

「逆戻りなんてできないわ、ロンダ。わたしはそういう看護師になろうと思って、この仕事をしてきたのよ。こうやってここに立って落ちついて話していると、すごくよく理解できることでも、わたしがいつも送っているような毎日が積み重なっていくと、思い出しにくくなってしまうの。仕事は山のようにあるのに、充分な協力が得られないという急場が次々やってくることは知っているでしょう？　わたしはくたくたで、ほんとうに押しつぶされそうになっているわ。わたしは患者さんたちにとって、そしてみんなにとっていちばんいい状態をのぞんでいるわ。でも、いまはそれが難しくなっているの」

1　ぎすぎすした職場は誰のせい？

「難しいのはわかっているわ」と、ロンダが言った。「わたしは活気のあふれた楽しいことでいっぱいの職場環境をつくることは簡単なことだったんじゃないかって考えはじめているの。そして、ほんとうはそういう状態を持続させることこそ難しい仕事だってわかったのよ」

「そうね、わたしたちは少なくとも持続させる価値のあるものを持っているわ。守るべき資本があるってことよね。知ってのとおり築き上げるのには時間がかかった」

「ねえ、ベス、考えてみて。どんなことでもその価値を保つためにちょっとした手入れが必要よね。娘のアンは、車のオイルを点検するのを忘れたとき、手入れと価値の関係が難しいということに気づいたそうよ」

「あなたの言いたいことはわかるわ。わたしも家族代々引き継がれている銀食器を持っているんだけど、家族の歴史とつながっているってとてもすてきなことなの。長年にわたって一家の人間が定期的に磨いてこなければ、わたしの人生を豊かにしてくれるその銀食器はいままで、もたなかったでしょう。わたしたちは子どもたちの楽しみのために、子どもたちはまたその子どもたちの楽しみのために、銀食器を磨くのよ。価値あるものをきれいなかたちに保つためには、手入れが必要なの。それは銀食器でも、車でも、人間関係でも、六階のわたしたちの職場でも同じことなのよ。わたしは力になりたいわ、ロンダ。でも、それはたやすいことじゃない。やらなければならない仕事は山のようにあるけど、時間とエネルギーは限られているから」

「わかっているわ。でも、きっとわたしたちはなんとかできるわよ」

ちょうどそのとき、アボット氏のランプが点滅しはじめた。ベスは元気いっぱいの笑顔を浮かべると、くるりと背を向け、彼の病室へ向かって廊下を歩いていった。

きっかけは電話から

「ロンダ・ブロックと申しますが、マーゴ・カーターはいらっしゃいますか？」

「ロンダ、電話をくれてうれしいわ。久しぶりね。ニュージャージーの生活はどう？　昨日、ウィルと話したのよ。彼から聞いている？　仕事はどう？　いいえ、答えないで。ランチをいっしょに食べながら、話をしましょう。ああ、そうじゃなくって、ディナーにしましょう。近所にステキな寿司屋を見つけたのよ。いつ会える？　今週はどう？　あなたのご意見は？」

ロンダは無口なほうではないが、彼女の最も古い友人はすごくおしゃべりだ。二人はニューヨーク市立第一六三小学校一年生のときからの知りあいである。大学卒業後、ロンダはニュージャージーに移り、マーゴはマンハッタンに残った。「それはいい考えね、マーゴ。わたしのほうの時間はあいているわよ。いつ、どこで待ちあわせる？」

「サリバン通りの〈タカラ・ツー〉に木曜の六時でどう？　ブリーカー通りとハウストン通りのあいだのビレッジにあるわ。中に入る順番を待っている人たちの長い行列が見えたら、場所が間違っていない証拠。ちゃんと天候に合わせた服装をしてきてね。たぶん、しばらくのあいだ、外に立ってなきゃならないから。もう行かなきゃ。じゃあ、木曜日に会いましょう」

ロンダは一マイルを四分で走ったぐらい疲れを感じた。しばらくのあいだ、外に立ってるだなんて。だったらどうしてそんなところへ行くの？　でも、そうね、きっとおもしろいに違いないわ。事実、マーゴといっしょに過ごす時間はいつもおもしろいもの。

新しい仕事のやり方が取り入れられた瞬間から、古いやり方へ戻ろうとする引力が発生する。

最初は目新しさだけでも充分活力の源になるだろう。だが時間がたつにつれ、より強く持続性のある源を見つけなければならない。

2 行列のできる店に学べ！

驚きの寿司屋〈タカラ・ツー〉

木曜日がやってきた。ロンダは子どもたちをウィルに預け、パス・トレインに乗ってマンハッタンへ行った。サリバン通りに向かってブリーカー通りを歩いているうちに、ロンダはソーホーとグリニッチビレッジが交差するマンハッタンのこの地区のひとつひとつ個性的な建物や人の様子を見て楽しんでいた。

夜のこの街がどれほど活気があるか忘れていたわ。

サリバン通りに着くと、道の向こう側にこれといって特徴のない飲食店があることに気づいた。入口にはテントがあって、そこには地面まで透明のビニールシートがかけてある。冬の夜はあまりに早く暗くなるので、その店はほとんど闇にまぎれてしまっている。だが、テントの外に行列している何十人もの人々だけではなく、ビニールのひだの向こう側にさらに数名の人影も見えた。

ロンダがメモをした〝サリバン通り八二四〟という番号を確認するのに立ち止まったのは、六時五分だった。**マーゴが言っていた行列というのはあれに違いない。でも、あのみすぼらしいビニールシートは何なの？**

ロンダが通りを渡ろうとしたとき、イエローキャブが猛スピードで横を通りすぎていった。反対側の歩道の縁石に近づいたところで、窓にある色あせた手書きの文字が読めた。

〈タカラ・ツー〉と書いてある。

「ロンダ！　こっちよ！」

寒空の下、行列のいちばん後ろのほうにバックパックを背負った青年が、ガールフレンドを抱きよせている。そのバックパック越しにちらっとのぞいたのは、六歳のときから見慣れてきた顔だった。彼女はマーゴに向かって手を振った。

「通りの向こうで何をしていたの？」と、マーゴが尋ねる。

「都会の女が、自分の生まれた街を歩きながら目的地を探していたところよ。パス・トレインの駅から歩いてきて、とても楽しかったわ。この街のこのあたりがこんなに楽しいってこと、忘れていたわよ」

「〈タカラ・ツー〉にはびっくりしたでしょう？」

「行列ができてるって言ったから、わたしはもっと……そう、何かもっと流行の最先端をいくようなお店を想像していた気がするわ」

ちょうどそのとき、行列が動き、ロンダはテントに向かってのろのろと進んでいるあいだにあたりを見回すことができた。掛かっているビニールシートの下には、ポータブルの暖房器具がある。店内の正面から後方まで長いテーブルがずらりと並んでいて、人が動けるスペースはほとんどない。

「じゃあ、やっぱりわたしの選んだお店にびっくりしたのね？」

2　行列のできる店に学べ！

「ちょっと好奇心をそそられたわ。今風なところだと予想していたのよ。たぶんわたしは、ニューヨークのホットスポットといったらそういうものだと思っているのね」

「いま立っているところからほんの数ブロック内で、すごくセンスのいい内装をした今風な寿司屋は何軒も紹介してあげることができるわ。それに知ってる？　そういう店は、どこも行列して待つ必要なんてないのよ。でもここでは毎日夕方の四時には行列ができて、夜中に閉店するまで行列は続くのよ。びっくりしたでしょう？」

寿司の試食品がのったトレイを持ったウエイターが愛想よく二人の会話をさえぎった。彼はニューヨーク・ロールというものを差しだした。しばらくのあいだ、二人はそれを楽しく味わっていたが、やがてマーゴが話を続けた。

「で、新しい仕事はどうなの？　患者さんをケアするすばらしい職場の文化をつくりだすことに協力してきたあと、今度は自分がその責任者になったんでしょう？　それってどんな感じ？」

「わたしの仕事の問題を話して、せっかくのディナーを台無しにしたくないわ」

「問題ですって？」

「ええ、そうなの、マーゴ。わたしはあなたに会えてすごくうれしいし、あなたがいままでうしているかいろいろ知りたいわ。でも、いったんわたしの仕事上の問題を話しだしたら、きりがないいんじゃないかって心配なのよ」

「ロンダ、わたしたちの友情が長く続いているのは、いつもお互いの力になってきたから、そして、なんでも話すことができるからじゃない。いったい職場で何があったの？」

「わたしはあなたの言うそのすばらしい文化を見つめてきたんだけど、だんだんそれがわたしたちのところから消えつつあるのよ。おまけにわたしはどうしていいのかわからない。その文化なんて、きっといまに全部なくなってしまうわ。何度も言うようだけど、わたしたちは忙しい病院での仕事という現実のなかで、自分たちの目標を失いつつあるような気がするの。

人が自然に減っていくということは常にある程度はあるものよね、マーゴ。異動があったり、昇進したり、学校へ行くことになったり、家族ができたりすると、みんなだいたい人が自然に減っていくのは会社や組織によくあること。だが、流れが逆戻りしてしまうのは防ぐことができる。

いなくなってしまうわ。でも、いま、流れが変わってしまいそうなの。これまで長いあいだなかったことだわ」

「あなた、すごく変わったわね！ 会うたびにリーダーらしくなっていくみたい。でも、まあ、あなたの言うとおり、自然に減っていくというのは組織には必ずあることだわ。異動があり、好みは変わり、昇進はやってくる。でも、あなたはいまの流れの変化には影響を与えることができるんじゃない？」

「新人にジュアンという男性がいるんだけど、彼はもうわたしたちの職場にいたくないと言うの。彼はまさにわたしたちが求めていた必要な看護助手なのに。ジュアンは六階のエネルギーが大好きだけど、自分がその一員ではないという気がすると話してくれたわ。スタッフが仲良くしてくれないというわけじゃないのよ。彼が言うには、みんな親切で、彼を大事にしてくれるということなの。ただ、みんなと距離を感じるんですって。マデリーンがいたころは、そんなことは絶対に起こらなかったわ。わたしのリーダーシップについてあなたがやさしい言葉をかけてくれたことはうれしいけど、わたしはマデリーンの代わりがつとまりそうにないような気がしているの。そのほかのことでも、わたしたちが患者さんと自分たちのためにつくった特別な場所がどんどんなくなってしまうということを示していることがあるの。ヘルスケアの仕事はストレスの海のなかにいるようなものかもしれないけど、しばらくのあいだ、わたしたちはそのストレスを癒してくれる〝健康の島〟のようなものをつくってきたの。でも、わたしはもうどうしたらいいのかわからなくなってしまったのよ」

「ロンダ、あなたはその問題が完全に予想できたはずだってことに気づいている？　もしマデリーンがまだそのポジションにいたら、彼女もその問題に直面していたはずよ」

「それはどういう意味？」

「つまり、わたしは自分の仕事から、変化させることと、それを持続させることは別だと学んだのよ。何か新しいことを始めたその瞬間から、古いやり方に戻ろうとする引力のようなものが発生するの。活力に満ちているときは、その引力には気づかない。でも、しばらくそのやり方をしているうちに、人は自分たちのやっていることの目的が何だったか忘れてしまう。だから、ものごとを持続させるためには、違う参加の仕方や、違う種類の目的が必要になるのよ。あなたがしたこと、たとえばイベントのような外からの働きかけで、最初はすごく活気が出たでしょう。でも結局、新しいやり方というのは、内側からわきあがってくる力の強さによって、生きもすれば死にもするし、方向性も決まるのよ」

「どうしてそんなにいろいろ知っているの？」

「顧客サービスのプロジェクトで、似たような難題にぶつかって、少し経験をしたのよ。そのことについてはディナーを食べながら、もっと話すわ。でもいまは、告白しなきゃならないわ」

「いったい何を？」

「先日、ウィルと話したって言ったでしょう？　実はその話をするために、この店に来たの。あなたに電話したとき、あなたはいなかったわ。でも、ウィルが話をしたがっていてね。彼はわたしに、病院であなたが悪戦苦闘していることを話してくれたわ。彼、とても心配していたわよ」

2　行列のできる店に学べ！

「ウィルとわたしのことを話したの？」ロンダは最初少しむっとしたが、怒る理由など何もないことに気づいた。

「ええ、もし、あなたからわたしに電話をかけてこなかったら、わたしのほうからかけていたわ」

「わかったわ。ところで、あなたは、わたしのいまのポジションに誰がついていても、この難題が持ち上がっていたって、ほんとうにそう思う？　あなたが経験したのは、いうなれば周期的なこととか、段階的なことじゃなかったの？　わたしにはどうしても自分がいまのポジションに向いていないとしか思えないんだけど」

「あなたが経験しているのは、ものすごくありふれた問題なのよ。そういう問題を解決してきたような人たちがいるとか、場所があるといういい例をいくつか挙げれば、あなたは安心するかしら？　たとえばわたしたちがいま並んでいる行列は、四年前から毎日できているのよ。ニューヨークとしては、ものすごく長い期間よね。中に入れば、イシハラ夫人、というか、彼女はイッシーと呼ばれるのが好きなんだけど、そのイシハラ夫人とご主人に会えるわ。おふたりに時間があれば挨拶できると思う。今夜わたしたちが来るって知っているから。彼女はわたしの仕事の上でのとっても魅力的な指導者だったんだけど、きっとあなたの力にもなってくれるような予感がするの」

「寿司職人を銀行業の良き指導者にしてきたのね」

「ええ、そのとおり！　あなたにもじきにわかるだろうけど、彼女はすばらしいリーダーよ。何よりも彼女はいいことを持続させる方法を知っているの」

「その人があなたの友だちなら、どうしてわたしたちが列に並ばなきゃならないの？」

「これも彼女の仕事のやり方の一つなの。ここでは誰もが特別な人なのよ。誰も予約はできないし、行列に割りこむこともできないの」

「じゃあ、わたしたちは彼女の仕事のやり方を見るためにここにいるわけ？」

「そう。そのためなのよ。イッシーはシアトルで〈タカラ〉という店を家族で経営していたの。でも、彼女は寿司職人になりたくてたまらなかった。女性の寿司職人は日食みたいに珍しいけど、イッシーの決意は固かったわ。彼女の夫は寿司職人で、みんなに一目置かれるような立派な腕を持っている。イッシーが経営の仕事をしているあいだ、彼は暇を見つけては彼女に技術を教えこんだの。そしてイッシーが寿司職人としてやっていけると思えたとき、二人はシアトルの〈タカラ〉を彼女のきょうだいに譲り、ニューヨークに来てこの〈タカラ・ツー〉を始めたのよ。いまや彼女はアメリカでも最高の寿司職人の一人だという評判なのよ」

「どうして彼女はここに来たの？」

「どうしてですって？　ニューヨークは世界の食の中心地だからに決まっているじゃない」

行列はゆっくりと進み、二人はテントの前まで来た。透明のビニールカーテンを押し開けると、あたたかい空気がわっと流れてきた。テントに吊るされたビニールシートの中に足を踏み入れてから、背の高いウエイターに自分たちの名前を告げた。それからニューヨークのなかでも最もバラエティに富んだ人々の後ろに並んだ。仲の良いカップルのほかに、ビジネススーツの人たち、薄汚い服の人、〈ラガーディア〉空港の金属探知器すべてが作動してしまうほどのピアスをつけたような人、それに日本人の四人家族がいる。背の高いウエイターはそよ風のように姿を消してしまった。やがて彼は戻ってきて、二人それぞれにメニューを渡し、繊細で小さい飾り文字で印刷された〝おすすめ〟を指さした。だが、マーゴはロンダにメニューを押しつけ、こう言った。「職場に眼鏡を忘れてきちゃったの。だから、あなたがわたしに読んで教えてちょうだい」

背の高いウエイターはほほえみ、マーゴのメニューをロンダから取り上げた。彼が静かにその場を離れていったとき、数名の笑顔の客たちが店の出口へ行けるよう、みんな後ろに下がった。そしてまた背の高いウエイターが戻ってきた。美しい銀のトレイに貸し出し用の眼鏡が六つ並べられていて、度の弱いものから強いものまでレンズの倍率に従って印がついている。マーゴは心底驚いているようだったが、すぐに最も度の強い眼鏡を手にした。そしてウエイターが再びマーゴにメニューを渡すと、彼女は心からお礼を言った。それから、一連の出来事をじっと見つめていたロンダを見て、こう言った。「いつもここでは新しい発見があるのよ」

すぐに二人は静かに声をかけられた。「お席の用意ができました」

二人が店内に入ると、スタッフ全員から、熱烈な日本語の挨拶と、拍手喝采を受けた。それは活気に満ちていて、心から歓迎しているのが伝わる挨拶だったし、そのうえ、期待をふくらませ、これから冒険にでもいくような気分にさえしてくれた。

二人は寿司が作られているカウンターに最も近い長テーブルの端の二席に座りこむと、そばにいる人たちに軽くほほえみかけた。これはニューヨークらしいふるまいではないが、この店にはとても親しみやすい雰囲気があったので、そうするのが自然なような気がしたのだ。実際、笑みを返してくれた人たちも何人かいた。カウンターの後ろは床より少し高くなっていて、そこでは四名の寿司職人がすばやく統制のとれた動きで仕事をしていた。彼らは寿司を握るとき互いに大声を出しあい、新しい客が来て拍手をするとき以外は手を休めなかった。白い化粧しっくい、吊るされたフグ、手書きの文字、シルクスクリーンのタペストリー、むきだしの配管、清潔だが使いこまれたテーブル、そして満席の椅子、そんな内装だった。イッシーを見つけるのは簡単だった。カウンターの向こう側にいるたった一人の女性だったからだ。二人が座ると、彼女はほほえみかけ、マーゴにウインクした。

「ねえ、〈タカラ・ツー〉をどう思う？」

ロンダが答える前に、ウエイターがやってきた。

二人がウエイターのほうへ注意を向けると、彼は飲み物は何になさいますか、それから何かご質問はありませんか、と尋ねた。二人はお茶を頼み、メニューを見た。マーゴが顔を上げて彼を見てから言った。「イッシーにお任せしようかしら？」彼はそれがいいですね、というようにほほえんだ。そばに立っていたイッシーがクスクス笑っている。

ロンダはマーゴにこう打ち明けた。「寿司がとても人気があるのはわかっているけど、どちらかというとソウルフードとダイエット・ドクターペッパーのほうが好きなの」

「大丈夫、ここはそんなに特殊なところじゃないし、いろいろ選べるから」

「それはよかったわ。じゃあ、わたしのことは心配しないで」

ウエイターは落ち着いた態度で戻ってきた。背の高い男が入口で応対したとき、そして、二人のテーブルに手際よくお茶を置いたときにロンダが感じたのと同じような態度だ。それから、ウエイターはロンダの前にダイエット・ドクターペッパーを置いた。ロンダは驚いてウエイターを見上げると、彼は明るくほほえんでうなずいた。

「あなたがあまり寿司を食べたことがないことは知っているわ」と、マーゴが言った。「でも、この店に来たのは、単に食べることだけが目的じゃないのよ。もっとも、ここで出されるのはどれも最高級のものだけどね」

「じゃあ、わたしたち、イッシーに会いにきたわけね」

「ええ、でもそれは、わたしがウィルと話したあとに、いろいろ考えてそうしてみたらいいんじゃないかと思ったの。もしわたしが間違っていたら、おいしいものを食べることに没頭すればいいわ。でも、もしわたしの仮定が正しければ、おいしいものを食べられるだけじゃなく、成功した職場の文化を長続きさせる秘訣を見つけだしたすばらしい女性に会えることになるのよ。

イッシーはわたしが銀行で問題にぶつかったときに、ほんとうに救ってくれたの。あなたがいま抱えているのと同じような問題にね。わたしは新しい顧客サービスの第一歩をつくりあげるリーダーになって、うちの銀行だけじゃなく、ほかのすべての銀行の同業者たちから認められたわ。そのことについては三年前から何度もあなたに話してきたわよね」

「ああ、あの研修のことね。〝すごいこと《ワオ》〟とか何とか呼んでいなかった？」

「そう。よく憶えていたわね」

「で、その〝ワオ〟はどうなったの？」

「そうね、銀行がわたしに市のリーダーシップ養成プログラムに参加させてくれたんだけど、すべてそのときからわかるようになったことなの。それがどんなにストレスが多くて、大変なものか想像できるでしょう。わたしはその研修を受けることができて光栄だったけど、実はノイローゼになりそうだったの」

「わたしはそのころ、普通の看護師だったけど、あなたのしていることを見て、自分には管理職は絶対に向いていないと思ったことを憶えているわ。いま、わたしの頭にあるのは、普通の看護師のままでいられたらよかったのにという考えばかりなの」

「あなたはうまくやっていけるわよ、ロンダ。もし生まれながらのリーダーがいるとしたら、それはあなただわ。とにかく、市のリーダーシップ養成プログラムで、わたしはイッシーに出会ったの。イッシーは、お客さんが必ずリピーターになって、店でのすばらしい体験をほかの人にも話したがるようなビジネスの方法を持っていたわ。イッシーと彼女の夫とここのほかのスタッフたちには、ここをすばらしい寿司屋にするための自分なりのビジョンを持ちつづける秘訣があって、それを世界でも最も競争の激しい市場で実践しているのよ」

「その秘訣って？」

「まあまあ、急がないで、ロンダ！〈タカラ・ツー〉を体験して、イッシーのお手並みを拝見しましょう。その問題については、たくさんの本を読んだけど、競争相手がある実際の組織に使えるビジョンは彼女から教えてもらったのよ」

そうしているうちに、最初の皿が出された。

「ブロックさん、カーターさん、ブリのカマ焼きです」ウエイターはそう言うと、大きな魚の切り身をテーブルの上に置いた。「またお目にかかれて光栄です、カーターさん。それから、ブロックさん、〈タカラ・ツー〉へようこそ。どうぞお楽しみください。こちらの台から寿司がなくならない限り、コースのあいだはお邪魔いたしません。寿司はお召し上がりいただいても、台からよけてくださっても結構です。そうしていただければ、次の寿司をお待ちになっていらっしゃることがわかりますから」彼はテーブルを美しく飾るミニチュアの台の上に、上品な寿司を置いた。

「ありがとう。ところで、質問してもいい？」ロンダは彼の名札をちらりと見た。「タコ、でいいの？」

「ええ、そうです」

「どうしてわたしがダイエット・ドクターペッパーを飲みたがっていることがわかったの？」

「お客さまの話をちょっと耳にしたもので。もしお召し上がりにならないのでしたら、お下げしますが」

「いいえ、ダイエット・ドクターペッパーがとても飲みたかったの！ ありがとう。でも、

2　行列のできる店に学べ！

メニューの飲み物のところには載っていなかったけど？」

「それは、当店ではご用意していないからです。でも、ここから一ブロックほどのところのデリカテッセンには置いてありまして、わたしはちょうど運動がしたかったんです。おいしく召し上がっていただければ光栄です」ウエイターはほほえみ、それからたったいま空いたテーブルを片づけているウエイター助手の手伝いにいった。

「さてと」と、マーゴが言った。「食べるとしましょうか。これはブリの首の部分よ。すごくおいしいの。そこのお箸を持って、試してみて」

「ちょっと待って。どうして彼はわたしの名前を知っていたの？」

マーゴはにやりと笑い、答えた。「列に並んでいるとき、ウエイターが来てわたしたちに挨拶したでしょう？」

「ええ、彼はわたしたちの名前をきいたわ。それに、発音が間違っていないかどうか確かめるために、繰り返しもした。ちょっと変わっているなと思ったけど、あのときの名前がわたしたちの担当のウエイターに伝わっていたことがいまわかったわ。でも、いつ伝えたのかしら？」

「わたしにもわからないけど、毎回ここに来るたびにそうなのよ」

二人はすぐにすばらしい味と舌触りの料理の数々に熱中し、それは最後の寿司が出され食べてしまうまで終わらなかった。食事をしているあいだに、ウエイターが布製の折りたたみ椅子を持ってきて彼女たちと同席した。彼はおいしいかとか不手際はないかとか尋ねる代わりに、彼女たちを寿司についての会話に引きこんだ。ゆっくりとした時間のように感じられたが、それはほんの一分ほどのことだった。

行列の秘密は〝ビジョン・チャンス〟

「寿司はどうでした？」ロンダとマーゴが会話をやめて顔を上げると、イッシーがテーブルの横に立っていた。

「とてもおいしいわ、イッシー。友だちのロンダをあなたに紹介したいの。電話したとき、

2　行列のできる店に学べ！

グッド・サマリタンでの彼女の仕事のことをちょっと話したわよね」

「〈タカラ・ツー〉へようこそ、ロンダ。いまは少ししか時間がとれないけど、ご挨拶して、わたしで力になれることがあれば何でもすると伝えたかったの。マーゴとわたしは、数年前に彼女の銀行を救う方法を楽しみながら考えだしたのよ。寿司を握って店を経営するのは、ヘルスケアよりもずっと単純だとは思うけど、わたしたちが活気を維持するためにやっていることが役に立つかもしれないって、マーゴが思っているようなのよ。何か質問はある？」

「いったいどうしたら、四年間も続けて行列をつくらせることができるの？」

イッシーは満面の笑みをうかべてこう言った。「一度に一つの〝ビジョン・チャンス〟よ」

「ビジョン・チャンスですって？」

「わたしたちは、ここで体験の場をつくりだすために働いていて、わたしたち一人ひとりがそれに責任を持っているの。お客さまの行列は、数えきれないほどの理由で明日にも消えるかもしれない。わたしたちはみんなそのことがわかっている。だから、わたしたちは、できるだけたくさんのビジョン・チャンスを活かそうとしているの。マーゴとわたしは、自分が何をしようとしているのか知ることや、自分の目的を達成するためのビジョンを見つけることについてプログラムでたくさん話し合ったわ。〈タカラ・ツー〉のビジョンを実現させてくれるようなチャンスは毎日現われる。そのチャンスを〝ビジョン・チャンス〟と呼んでいるの」

「そのいくつかをわたしもたったいま体験したと思うけど、一つ印象に残っているのは、ダイエット・ドクターペッパーのことだわ」

「そうね、見ていたわ。タコはいつも、わたしたちのお客さまのためにできるちょっとしたことを探しているのよ」

「それもあって、おいしい寿司がいっそうおいしいのね」

「そのとおり！　わたしたちがお出ししている寿司の品質はとても重要だけど、おいしい寿司を出す店はいくらでもあるわ。店の外にお客さまの行列がなくならないのは、わたしたちがつくりだしている体験の質のおかげなのよ。わたしたちは常にその体験を高める方法を探しているの」

「いったいどんな体験をつくっているの？」

「いまあなたが言ったじゃない。あなたも体験しているのよ」

「ああ、そういうことね。じゃあ、挙げてみるわ。もし何か重要なことが抜けていたら許してね。まず、メニューにあるすべてのものの品質がその一部。マーゴから聞いたんだけど、質のいいマグロが手に入らないときは、その夜はマグロは出さないんですってね。それから、控えめで和洋折衷の内装もその一部だわ。ウエイターたちの親切でにこやかな態度は気づかずにはいられないことで、それも一部ね。それに、行列に並んで腰が冷えているときに、愛想よく出してもらった試食品もそうだわ」

イッシーは笑って言った。「あなたがたが来るちょっと前に、カイロが足りなくなってしまったの。で、それから？」

「テントは客への気づかいであるのと同時に、さりげなく人気を示しているものでもあるわ。元気いっぱいの挨拶と拍手で迎えてくれることであなたがたがつくってくれた体験もその一部。でも、いちばんわたしが感動したのは、ウエイターたちがせかさないでゆったりとわたしたちに接してくれたことよ。一晩中ここにいてもいいんじゃないかという気分になったぐらい。でも、テーブルは次々と空いていくわね。それから、ここのスタッフは、料理を一品一品ゆっくり味わわせてくれるけど、わたしたちが食べ終わってしまうとすみやかに片づけてくれたわ。わたしたちが何もする必要がないように、すぐに持っていってくれて。どうしたらそんなことができるのかしら？」

「明日からでも始められるわよ！」その言葉にみんなが楽しげに笑った。

イッシーはロンダをまっすぐに見て、言葉を続けた。「わたしは本気で力になると言ったのよ、ロンダ。だからいつでも知らせてね。あなたはこの店のわたしたちのビジョンのなかで目に見えるものをほとんど言い当ててくれたわ。でも、あなたも予想しているかもしれないけど、ビジョンを維持する秘訣は、一人ひとりのビジョン・チャンスと、集団のビジョン・チャンスを同時に活かすことなのよ。マーゴの話によれば、あなたはグッド・

ほんとうはいつも目の前にある可能性を見つけて活かせば、そのとたんにビジョンは明確なものになる。

行動を起こせば、それが“ビジョン・チャンス”となる。

サマリタンにいくつかのすばらしい変化をもたらしたそうね。でも、それは単なる始まりにすぎないの。今度はあなたが再生《リニューアル》の方法を病院に根づかせるときよ。もし、わたしにできることがあれば、喜んでお手伝いするわ」

「つまり、病院に戻って、みんなにビジョン・チャンスのことを話せばいいと薦めてくれているの？」

「わたしがお薦めするのは、マーゴといっしょにちょっと散歩して、一時間ぐらいしたら戻ってきてってこと。お客さまに料理をお出しするのが終わったら、もっとよく話しましょう。そういう時間はあるかしら？」

ロンダがマーゴを見ると、彼女はうなずいていた。「もちろんよ」と、ロンダは言った。

「それじゃ、一時間後にまた会いましょう」

マンハッタン寿司屋めぐり——ビジョンのある店とない店

二人が立ち上がると、イッシーは日本語で何か大きな声で言った。カウンターにいた三人の寿司職人がほほえみながらその言葉を復唱するなか、イッシーは三人のところに戻っていった。「彼女、何て言ったのかしらね、マーゴ。寿司職人たちはあの言葉で活気づいたけど」

「きっとこう言ったと思うわ。〝すご腕の寿司の魔女が仕事に戻るわよ〟ってね。彼らはときどきそういうちょっとしたおふざけをするの。そうすることによって人生がいつも楽しくなるようにしているのよ」

ロンダはウィルに電話して、予定よりも帰宅がかなり遅くなりそうだと伝えた。そのあとで彼女とマーゴは出口に向かって慎重にあいだを縫うように歩いていった。ロンダは急に希望がわきあがってくるのを感じた。**四年間ですって。**と彼女は思った。**もしかしたら**……。

「近所のほかの寿司屋を見にいきましょうよ」と、マーゴが提案した。二人は店を出ると、数ブロック内にある三軒の寿司屋めぐりを始めた。まだ忙しい平日の夕食のピーク時だというのに、どの店もそれほど混んでいなかった。内装に大金をかけているはずの一軒は、ほとんどがらがらだった。

　マーゴは窓越しにのぞきながら言った。「お金で手に入る最高の装飾があるけど、お客にとって価値のある体験をつくってあげることができなかったのね。きっとここの寿司は最高級の品質に違いないだろうけど、この店の人たちは明確なビジョンがないのよ。超一流の設備はあるかもしれないけど、それにふさわしい雰囲気をつくりだすことができなかったんだわ。

　ロンダ、あなたとあなたのスタッフは、六階をこんなふうにしたいというビジョンを持っているわよね。あなたは患者さんやスタッフのために特別な体験をつくりだしてきた。そして、みんなが癒される場所をつくってきたわ。次の挑戦は、あなたが一生懸命つくりだしてきたものを生き生きとした状態で維持して、後戻りしないようにすることなのよ」

ほんとうの会話とは？

イッシーは壁から離れた空いているテーブルで彼女たちを待っていた。数名の客も、残りの料理をもうすぐたいらげてしまいそうだった。ロンダは与えられた一時間の散歩と、今日一日で経験したことの意味を正しく理解しようと思った。

「イッシー、もしあなたがわたしの立場だったら、まずどこから始める？」

「まず仕事と〝何か〟についての会話から始めるわね」

「〝何か〟ですって？　〝何か〟っていったいどういう意味？」

「〝何か〟は、大きなビジョンのなかのあなた個人のビジョンなのよ。組織のビジョンは、たいてい抽象的な美辞麗句を連ねているわよね。そんなふうに書かなければならないのは、たくさん関係者がいるからなの。でもあなた自身の〝何か〟は、もっと焦点がはっきりしていて、明確で、個人的なものでなければならないのよ。そして、話し合いを通じて〝何か〟を見つけるの。実際、〝何か〟を見つけるためには話し合いしか方法がないの。

だから、もしあなたがたのビジョンがヘルスケアに対する特別の哲学だったら、ほかの人たちと仕事のことや、そのビジョンのなかのあなたの場所について話すことによって、自分の〝何か〟が見つかるでしょう。ところで、あなたが病院での〝何か〟について話す前に、しばらく時間をとることをお薦めするわ。最初はちょっと奇妙に聞こえて、みんなが混乱してしまうかもしれないから。まず〝何か〟について触れずにできることがたくさんあるの」

「心配しないで。自分が〝何か〟についてもっとよく理解できるまで、病院に戻ってそのことを話すつもりはないから。ちょっとわたしがちゃんと理解しているかどうか聞いてくれる？　その話し合いというのは、わたしたちが力を合わせてつくろうとしている六階の特別な体験に、一人ひとりがどう関係しているかについてかしら？」

「そのとおりよ！　まず、こういう質問から始めてもいいわ。わたしたちはここで、自分の大事な人生のエネルギーを使って何をしようとしているのか？　自分たちはいったい何に参加しているのか？　それから次に、ビジョンのなかでの自分の役割は何なのか？　自分にとって重要なことは何か？　そういった質問ね。仕事についての鋭い質問は、人を立ち止まらせ、自分がしていることや、そのやり方を考えさせるわ。そういうじっくり掘り下げた会話のすばらしさの一つは、話し合うだけでたいてい活気が出てくることなのよ。自分たちにとって重要なことを話すとき、自然に活気があふれてくるわ。職場で自分の人生をどんなふうに生きるかというのは、とても重大な話題だし、変化を維持する力はそういった会話から生まれてくるものなの。わたしたちはみな仕事に膨大な時間を使っていることがわかっているから、それはとても重要な話題なのよ」

「今週の始めに、わたし自身、そういったことを経験したわ」とロンダが言った。「わたし、ミスをした優秀なスタッフを叱りつけるところだったの。でも、結局、きちんと話し合いをしたわ。そして会話するだけで、彼女が活力を取り戻すのを助けることができたように思えたの。

またここに来て、あなたとお話しさせてもらっていい？　いまの話は何かを始めるのに重要なポイントのように思えるんだけど、まだほんの氷山の一角のような感じもしているの」

駅ですばやく抱きあったあと、近いうちにまた話しましょうと約束して、ロンダは家路についた。電車のなかで、彼女は小さなメモ用紙を取り出し、いくつかのことを書き留めた。**憶えておかなきゃならないことがたくさんあるわ。**と彼女は思った。

金曜日はあっという間に終わり、週末はまたいつものように子どもたちの送り迎えをし、ロサンゼルスで暮らす継娘のアンと長話をした。ロンダとアンの絆は昔から強かったが、年をへるごとにますます強くなっていた。ロンダはアンと話したあと、いつもちょっと悲しくなる。それは自分たちといっしょにアンをニュージャージーに連れてくることができなかったからだ。しかし、今回の電話ではそれほど寂しくならなかった。アンがロンダの家に遊びにくる計画があったのだ。

組織のビジョンのなかに自分のビジョンを探すためには、同僚と仕事について話し合うしかない。

そうした話し合いは、現実にそって積極的に行なわなければならない。

現実的でなければならないのは、同僚たちが見せかけやポーズではなく信じられるものを求めているからである。

積極性が必要なのは、わたしたちが膨大な時間を仕事に費やしているからであり、そうした話し合いが人生を充実させるためにきわめて重要になるからである。

明日からできること

子どもたちが部屋に勉強をしにいってしまうと、ロンダは再び仕事について考えた。彼女は〈タカラ・ツー〉から家に帰る電車のなかでとったメモを取りだし、再検討した。

〈タカラ・ツー〉で得たことのメモ

マーゴは、もしマデリーンがまだ六階の看護師長だったとしても、外から働きかけるものに頼るのではなく、もっと自然にわきあがってくる力に換える必要があっただろうと言う。外からの力に頼れるのは最初のうちだけだ。

- 昔の習慣に戻ろうとする引力は、変化が起きた瞬間から始まる。
- イッシーは〈タカラ・ツー〉の人気を四年間も維持している。
- イッシーは、グッド・サマリタンでのわたしのチャレンジを喜んで助けてくれようとしている。どのようにあの店の人たちがビジョンを維持しているのか、もっと教えてくれるはず。
- まず〝ほんとうの会話〟から始める。
- ビジョン・チャンスという考え方には興味をそそられる。
- ダイエット・ドクターペッパーの件は、タコがビジョン・チャンスを活かしたということだ。眼鏡のこともまたビジョン・チャンスだ。

わたしたちは大きなビジョンのなかに自分たちの〝何か〟を探すことについて話したが、わたしはみんなに〝何か〟についてうまく話せるかどうか自信がない。

わたしがすぐに実行できること。それは、職場でスタッフたちとほんとうの会話を始めることだ。まずこのような質問から始められるだろう。

1 わたしたちは六階をどのようにするために働いているのか？
2 わたしたちは何に参加しているのか？
3 ビジョンのなかでのわたしたちの役割は何か？
4 成功はどんなかたちをしているか？
5 逆戻りしないために、お互いにどんなふうに助けあえるか？

だからわたしはまず会話を始めなければならない。そこから、わたしたちが病院で行なってきた変革を長続きさせるための長い旅がきっと始まる。

ロンダは夜のあいだメモを横に置いて、自分とアンが交わした約束を思い出していた。二人は、毎週たとえどんなに短くてもいいから、お互い相手のために何かをする時間をとろうと約束していた。ロンダはいまこそそのときだと気づいた。

以前にアンはロンダの誕生日に詩人のデイヴィッド・ホワイトの全集をプレゼントしてくれた。彼女はマイクとミアをお風呂に入れる前にお気に入りの詩を何篇か読むことにした。

わたしはこの人の作品にはうっとりしてしまうわ。想像してみる。会社に自作の詩を持っていく詩人のことを。

今夜はある詩に目を引かれ、それを読んだ。そしてもう一度読み直した。

旅立ち

――デイヴィッド・ホワイト
雁が山の上に今日も明かりをつけ、
自分たちの黒い影を大空に塗りつけた。
心のなかにすでに書かれた一本の線を見つけるために、
空いっぱいに何もかも書きだしてみなければならないときもある。
心のなかにある、小さくて、明るくて、言い表わすことができない、
自由の糸口。
それを見つけるために大きな空が必要なときもある。

ときには炎が消えたあとに残された黒い棒切れが、
人生の灰の上に新しいものを書きつける。

あなたは去りゆくのではない。
もうすぐ到着するのだ。

わたしはもうすぐ到着する。新しい場所に着くのよ。いままで誰も同じようなやり方でたどりつけなかった場所に。特別なチャレンジが待っている場所に。わたしは必要なものをすべて持っているけど、成功する保証はないわ。グッド・サマリタン病院ではすばらしいことが行なわれているけど、それを維持し、再生していかなければならない。もし何も行動を起こさなければ、確実に失敗するわ。だからわたしは、職場で過ごすわたしたちの特別な人生について、ほんとうの会話や積極的な話し合いを始めましょう。デイヴィッド・ホワイトもきっと薦めてくれるはずだわ。

3 ネガティブな引力への挑戦

話をしなくちゃはじまらない

「おはよう、ピン」

「おはよう、ロンダ。休憩室で何をしていたの？ あなたがここで休んでいるところなんてめったに見かけないのに」

「昇格して最初にすべきだったことをしているんだと思うわ。わたしは、仕事をしているみんなと話そうとしているの。ピン、わたし、この病棟でわたしたちは何を実現しようとしているのか、あなたの考えを知りたいの。もしよかったら、あなたがコーヒーを飲んでいるあいだ、ちょっとお話しできないかしら？」

「わたしの仕事に何か問題があるのかしら、ロンダ？」ピンは身構え、少しうろたえたような口調でそう言った。

「いいえ、そうじゃないのよ、ピン。わたしは文句を言うためにそっと近づくようなことはしないいつもりよ。それにあなたの仕事ぶりは、いつもみんなのお手本だわ。ただ、ちょっとやりにくくて変わった話し合いを始めようとしているの。わたしたちの仕事についてと、それが自分たちにとってどんな意味を持つのかということを話し合いたいの。つまり、わたしたちの職場での人生についてほんとうの会話をしたいのよ」

ピンはみるみるうちにリラックスした。「それはすばらしいわ、ロンダ。もう一杯コーヒーを持ってくるから、ちょっと待っていて。あなたも飲む？」

「ありがとう、でもいいわ」

「あなたは、このフロアでわたしたちが実現していることについて、わたしの考えを知りたいというのね。それじゃ、あなたが知りたいことをもう一度はっきりと話してくれない？」

「あなたが一日の仕事をしているあいだ、どんなことを考えているのか興味があるの。あなたはすばらしい看護師よ、ピン。それに、いっしょに働いていて楽しいし。どうすればそういうふうにできるの？」

「ありがとう。わたしは常に良い看護師であろうとしているけど、マデリーンが最初に自分たちの選択のことを話してくれたとき、同じ期間でももっと良い看護師になれるチャンスがあるんだって気づいたの。そして、明るい態度を続けてみようと心から思ったわ。病院にはとても〝きゅうくつな下着〟を身につけている遊び心のない人たちが腐るほどいるから。言っている意味、わかるわよね？」

「ええ、わたしも気づいていたわ」ロンダはクスクス笑いながら答えた。

「それから、患者さんといるときには、患者さんの言葉に真剣に耳を傾けようとも思った。そういう瞬間には、百パーセント集中しようと心がけているわ。それから、同僚たちの一日をもっと明るくするためにできるちょっとしたことを探しているの。わたしは、職場で人生の物語の重要な部分を書いていると信じているし、できるだけすてきな物語を書きたいと思っているのよ」

「マデリーンがここにいるあいだに、わたしたちが育ててきた活力が少し失われつつあるようなんだけど、あなたはそのことに気づいていた？」ロンダは思い切ってきいてみた。「ロンダ、そう言われてみればそうね。でも、それって普通のことじゃない？　つまり永遠に続くものはないでしょう？」

「あなたはそれでいいの？」

「いいえ、とんでもない！　いまの仕事のやり方は前よりずっと充実していると思っているのよ。実はわたし、自分たちでものごとをいい方向に変える前は、集中治療室に移りたかったの。それに、ほかの病院に履歴書を送ったりもしていた。数週間前、マーシー病院から電話がかかってきて、集中治療室をつくるという話と、契約金のオファーまであったの。だけど、わたしはほんとうにここを離れたくなかったから断わったのよ。わたしはここで力を注いできたし、ここの仲間と働くのが好きなの。というか、大多数の同僚と言ったほうがいいかしら。わたしは昔のような仕事のやり方には決して戻したくない。退屈で、口論ばかりで、無自覚なやり方には。絶対に。昔ここがどんなふうだったか、あなたも憶えているでしょう?」

「ええ、もちろんよ、ピン」

「ものごとは変えなければならないんだと気づいた瞬間を決して忘れないわ。わたしはマデリーンがシアトルの魚市場のビデオを見せてくれたすぐあと、ある患者さんのケアをしていたの。病室に入って、包帯を取りかえる仕事をしていたんだけど、まだ廊下にいたヘザーとおしゃべりを続けていたのよ。たまたま目を上げてその患者さんを見ると、その患者さんの顔にはわたしの気が散っているって書いてあったわ。それで、その場でただちにこう決意したの。患者さんに全神経を集中させようってね。患者さんたちがわたしたちと接してどんな体験をするのかというのは、すごく大切な問題だわ。だけど、それはほんの始まりにすぎないのよ」

「続けて、ピン」

「どう言えばいいのかよくわからないけど、気が散らないようにして、自分がしていることに完全に集中することで、どんどんうまくいくようになると、何かが起こったの。つまり、自分の人生が以前より充実しているということに気づいたのよ。不安もずいぶん減ったわ。最初は患者さんのケアについてだけ考えていたのに、自分の仕事全体の質について考えられるようになったのよ。この職場にはすごく大切なものがたくさんあると思うわ、ロンダ」

「いまのお話、わたしの耳には音楽のように心地よかったわ、ピン。ここのみんなにあなたの話をしてもかまわないかしら？」

「もちろんよ、ロンダ。だけど、わたしの名前は出さないでほしいの。たいした話じゃないから」

「ところで、さっきあなたは〝大多数の同僚〟といっしょに働くのが好きだって言っていたけど、あれはどういう意味？」

「新入りの何人かはわかっていないようだから」

「ジュアンのこと？」

「ええ。ジュアンは合わないのね」

「わたしたちがこの病棟で実現しようとしていることや、なぜそうするのか、ジュアンに話したことはある？」

「いいえ。それは管理職の仕事じゃないの？」

「いまはわたしが管理職に就いているわ。そして、もしわたしがしておかなければならないことがあったとしたら、大失敗をしてしまったわね。わたしはジュアンを失いそうだと思っているのだけど——もしそうなったらとても有能なスタッフになる可能性を持った人物を失うことになると思うの。わたしも彼に面接した一人なのよ。前に彼を雇っていた人は、彼の活力と熱意を褒め称えていたわ。問題を解決するためにできることはしていくつもりだけど、あなたも時間を見つけて、ジュアンにあなたの展望を話してくれるととてもうれしいわ。それから、できたら彼が人生に求めているものについてきいてくれるといっそううれしいわ。あと、もしよかったら、ジュアンだけじゃなくて、ほかの同僚たちもつかまえて、いまわたしたちがしていたような話し合いをしてくれたらすばらしいと思うの。こういう会話をするための指針《ガイド》として使おうと思っている質問がいくつかあるのよ」

「もちろん。喜んで話し合いをするようにするわ。それに、あなたの質問というのにも興味があるし」

「オーケー。こういうのなの。ヘルスケアの仕事をあなたが続けているのはなぜですか？　わたしたちは、六階の患者さんとスタッフのために、グッド・サマリタンでどんな体験の場をつくろうとしていますか？　そのために、それぞれがどんなことをしていますか？　あなたにとっていちばん大切なものって何ですか？」

その週のあいだ、ロンダはできるだけ休憩室にいるようにした。夜勤のスタッフに会えるよう早く出勤し、二回目のシフトのスタッフたちとも時間を過ごせるようなるべく遅くまで残った。古くからいるスタッフは、誰も以前の状態には戻りたくないと考えていた。古くからのスタッフたちはこのフロアの活気が好きなのだ。だが、ロンダが話した新しいスタッフたちは、いまだに自分たちがよそ者のように感じると言っていた。それに、三人の臨時職員が溶けこめるようにするために何の努力もなされていなかった。臨時職員たちは仕事について簡潔な指示を与えられていたが、彼らにこのフロアで働くためのビジョンをあえて教えてくれる者は誰もいなかった。

木曜日、ロンダはジュアンがカフェテリアに一人でいるところを見つけたので、トレイを持って彼の横に立った。「こんにちは、ジュアン。お隣に座っていい？　それともランチタイムは一人にしておいてほしいかしら？」

ジュアンはその質問とロンダが現われたことに驚いているようだったが、彼女を歓迎するように腕を振って招いてくれた。「どうぞこちらに。ぼくもいま来たばかりだから」

ロンダは座り、数分、二人は黙々と食事をした。だが、やがてロンダがこう言って沈黙を破った。「面接官たちがあなたにとても感銘を受けたという話は、もうしたかしら？」

「いや。でもその話を聞いてうれしいよ。妻の昇進でニューヨークに移ってきたとき、実はたくさんの病院から誘いを受けていたんだけど、ここにはぼくの好きなタイプの活気があふれていた。だけど、自分にはその活気がうまく働いてくれないみたいで驚いていたんだ」

「うまく働いていないみたいだった？」

「ああ、ここに来てから、ぼくは自分がよそ者のように思ってた。ここではあちこちにおもちゃやポスターや魚のぬいぐるみが置いてあるけど、そういったものになじめなかったし、ここのスタッフたちは楽しく過ごしているようだけど、仲間に入れなかった。すばらしいことはみんな、ぼくがここに来る前に起こってしまったんだって。だから昨日、ピンと話して、まだショック状態だよ。いい意味でのショックだけどね」

「それって？」

「ピンとぼくはほんとうの〝人と人〟の会話をしたんだ。ぼくの言っている意味、わかるよね。ぼくは彼女に、自分がつまはじきにされたように感じていると話したら、ぼくのほうがよそよそしく振る舞っていると彼女に言われたよ。まったく！　ドキッとしたね。だけど、ぼくは彼女の視点から見ることで、いくらか事態がわかるようになったんだ」

「で、あなたはどう思っているの？」

「ここを動かしているものが何なのか、もっとよく理解できるよう、ほかの人たちとも話してみようと思っている。自分がどんなふうにここに適応していくか、自分にもっと責任を持つというのはいい気分だよ。お互いが歩みよらなきゃいけないんだね」

「もしわたしで力になれることがあれば教えてちょうだい」

「もちろんさ、ロンダ。それから、面接官たちのことを話してくれて、ありがとう。聞けてよかったよ」

アナウンスが二人の会話をさえぎった。「ロンダ・ブロックさん、六階にお越しくださ い」

「行かなきゃ、ジュアン。呼びだしだわ」ロンダはエレベーターの前に列が出来ているのを見て、六階まで階段で上がることにした。そこでは大勢の看護師たちがランチタイムを利用して患者たちのために歌っていた。ロンダの歌声も求められていたので、彼女は喜んで参加した。

カタブツ上司登場

3　ネガティブな引力への挑戦

〈タカラ・ツー〉でマーゴといっしょにディナーをとってから数週間がたった。ロンダはスタッフたちと仕事についての話し合いを続け、そしてみんなにも話し合うよう勧めていた。誰もその理由をほんとうの意味ではわかっていなかったが、話し合いにはインパクトがあり、以前のような活気がいくらか戻ってきた。だが、その活動にも邪魔が入りつつあった。

「おはよう、ロンダ。ここはカラフルだね」

ロンダが振り返るとフィルがいた。院長のフィルが、糊がぱりっときいた白い制服に旧式の白いナース帽をかぶった背の高い女性といっしょに立っていた。「おはよう、フィル」

「新しい副総看護師長を紹介するよ、メイブル・スカルペルだ。彼女は本部のご指名だ。きみも知ってのとおり、副総看護師長のポジションは長いこと空いていたので、適任者が来てくれてうれしいよ」

「お目にかかれて光栄です。どうお呼びすれば？」

「よろしければ、ミス・スカルペルと」

「それではお互いのことがよくわかるよう、ここは二人だけにするとしよう」フィルはそう言い残すと、すばやく帰っていった。

「ありがとう、フィル」急いで離れていくフィルの背中に向かって、ロンダが言った。

「それで、以前はどこにいらしたんですか、ミス・スカルペル？」

「この十五年間、調査副部長をしておりましたの。引退する前にもう一度患者さんのケアに戻れてとてもうれしいわ。この病院は本部でもとても評判がいいし」

「そう言っていただけて光栄です」

「でも、ここのごちゃごちゃしたものは、患者さんにはちょっとわずらわしいのではないかしら？」

ロンダは自分が少し緊張するのを感じた。「ごちゃごちゃしたものですって？」

「派手な色づかいとか、名札についている小さなプラスチックの魚とか、おもちゃとか、壁に貼ってあるものですよ。患者さんのケアをするのに気が散ってしまうでしょう」

「いいえ、それどころか、ここの患者さんたちはわたしたちの努力を評価してくださっているようなんですよ。それに、魚グッズはスタッフたちが、〝遊ぶ、態度を選ぶ、注意を向ける、人を喜ばせる〟ということを実行している魚市場の店員の話を思い出させてくれるんです」

「わたしはそういうおもちゃや標語はやめるべきだと思いますよ」

「でも……」

「これは決定です。この仕事に就いてわたしが下した最初の決定になるかもしれませんが、重要なことだと思うんです。あなたの部下の看護師たちに、これからはやり方を変えるということを伝えてください。もっと看護のプロらしいやり方に戻るということをね。ばかげた名札は廃止。おもちゃも廃止。そういったものはプロらしくありません。それから、あなたもわたしのような正式な看護師の制服を着ることを考えてください。何かご質問は

?」

「その、わたし……」

「いまのポジションは新しいのね。まだ一年もたっていない、そうでしょう?」

「ええ、でも……」

「きっとよくなることがわかりますよ。毎週レポートを書いて、月曜の朝、わたしのオフィスに持ってきてください。それから、あなたがたの進歩について話し合いましょう」

納得できないルール

「フィルに会いたいんだけど」

「いま電話中よ。アポイントメントをとってくれない、ロンダ?」

「だったら、待つわ」

「いつになったら彼の時間があくかわからないわ。もしよかったら……」

「やあ、ロンダ」と、フィルがひどくおどおどした表情でオフィスから出てきた。「ちょっとなら入っていいよ」

ロンダは椅子に座ると、単刀直入に言った。「フィル、あなたにはわかっているわよね？　顔を見ればわかるわ。ミス・スカルペルは、わたしたちが絶対にああいうふうにはなりたくないと思っていた看護師の典型よ。立っているあいだに眠っても倒れないぐらい、白衣にはぱりぱりに糊がきいているわ。それに〝スカルペル（Scallpell）〟という名前自体、外科用のメス（scalpel）そっくり。ご本人もメスみたいによく切れるんでしょうね。ねえ、ご冗談でしょう？　よりによって、ちょうど逆戻りしかかっているこの時期に、やめてほしいわ。わたし……」

「わかった、ロンダ、落ち着いて、わたしに説明をさせてくれ。きみたちの努力と、我々が行なってきたケアの改革に対して、わたしはサポートを続けているんだ。だが、残念ながら、わたしはグッド・サマリタン・ホスピタル・グループ全体を経営しているわけじゃなくて、任されているのはこの病院だけだ。それにこれはグループ全体の動きなんだよ。

ミス・スカルペルはこの仕事に適性がある。彼女は自分のキャリアの最後として患者のケアに心から戻りたがっているんだ。彼女はしばらく病院の現場から離れていたから、少し厳しいところがあるかもしれない。だが、彼女はすばらしい看護師だったし、すばらしい管理者なんだよ」

「厳しいところですって！　彼女はわたしに楽しいことをやめさせたがっているのよ。派手な色づかいだと言ったわ。それにプロらしくないとも」

「今回のことは大変だとは思うよ、ロンダ、だが、聞き分けてくれ。ミス・スカルペルは理不尽な人ではない。彼女は患者のために最善を尽くそうとしているんだよ」

「わたしが今回のことにこんなに動揺している理由の一つは、マデリーンからいまの仕事を引き継いでから、だんだん活気が失われて昔のやり方に戻りつつあることを見て知っているからなのよ。わたしたちはずっとその問題に取り組んできて、ようやく少し前進を始めたところなの。それなのに、いまこんなこと！　彼女はポスターもおもちゃも、わたしたちが何を実現しようとしているのか目に訴えて思い出させてくれるものすべてを取り除けと言っているのよ」

フィルは肩をすくめた。「ベストを尽くしてくれ、ロンダ。だが、これだけは言っておく。ミス・スカルペルは、今後十八カ月間、副総看護師長を務めることになっているし、彼女がその最高のレベルで、患者のケアとスタッフのために働いてくれる限り、わたしはできる限り援助をするつもりだ。きみにはこの仕事をうまくやってほしい。わかってくれるか？」

「とてもよくわかったわ、フィル。仕事はもう始まっているのね？」

「そうだ、ロンダ。でも、一つアドバイスがあるんだ。つまり、結局のところ、わたしはこの病院の管理者だが、ここの看護スタッフたちが成し遂げたすばらしい業績の大部分を認めているんだよ」

「そうね、フィル。で、あなたのアドバイスというのは？」

「ミス・スカルペルがどんなところから来たのか理解し、彼女の目を通してものごとを見るよう努めてみてくれ。そして、人生のほとんどを調査に費やしてきた人間と向き合うには、事実や数字や発見したことを使って言いたいことを伝えるんだ。すでに会議に遅れてしまっているが、どうしてもこの時間をとりたかった。きみが驚いているのがわかったし、そのことに対してわたしにもいくらか責任があると思ったものでね。でも、もう一つ考えてほしいことがある。新しく変わった雰囲気全体が、ほんとうにおもちゃやバッジやポスターだけのおかげだったとしたら、自分たちと患者のために、長続きするすばらしい変革を本気でやらなければならないんじゃないか？　でなければ、単に我々は表面を飾り変えただけになってしまうんじゃないのかね？」

飾りにはもう頼らない

ほとんど一瞬のうちに、ミス・スカルペルの新しい管理体制が、あらゆるところで話のタネになっていた。実際、エレベーターに乗っているとき、ロンダと気の合う医師の一人が力になると言ってくれたし、彼は五階でエレベーターから急いで降りたあと、廊下を歩きながら肩越しに大声でこう言ってくれた。「自分のつくりだしたもののために闘うんだ、ロンダ。六階は働くのにとてもすばらしい場所だし、患者が健康を回復するのに完璧な環境だよ」

ロンダが六階に着いて最初に聞いたのは、ある看護師のこんな言葉だった。「みんなで反乱を起こしましょう。あの人はわたしたちに対してそんなことできないわ。だって、わたしたち、あんなに一生懸命やってきたんだから！」ロンダ自身もまだ同じ気持ちだった。だが、自分自身しばらく時間が必要だとわかり、自分のオフィスへ行って、ドアを閉めた。机の前に座り、〈タカラ・ツー〉でのメモに目を落とす。

……外から働きかけるものに頼れるのは最初だけで……自然にわきあがってくる力に換えなければならない……

何が外からのもので何が自然にわきあがってくるものなんだろう？　確かにポスターは壁に貼られているかもしれないけど、自分たちが何をしているのか思い出させてくれるものでもあるわ。わたしたちはまだポスターをほんとうの意味で見ているのかしら？　それともポスターはいまや背景の一部になってしまったのかしら？　わたしたちは魚に慣れすぎてしまったのかしら？

ミス・スカルペルの言うことには一理あるのかもしれない。〝変な帽子の日〟やほかのテーマなんかに頼るのはやめるときなのかもしれない。でも、これが大きな後退ではないということを、どうやってスタッフに説明すればいいんだろう？

ロンダは小さなグループ会議を行なって、前向きなアプローチをすることにした。最初の会議で、ロンダは自分たちの新しい上司の目的を簡潔に説明し、それからロンダが始めていた話し合いをしてほしいという希望をまた繰り返して言った。「仕事について話し合いを始めたことで、わたしはとても勇気づけられたわ」と、彼女は言った。

「ミス・スカルペルのことは？」誰もが心に抱いていた疑問をチェルシーが口にした。

「あの人は、わたしたちの話し合いについてどう思っているの？」

「わたしたちがしていることは、きっと彼女の役にも立つでしょう」

「いいえ、そうじゃなくって、わたしがきいているのは、あの人はわたしたちがしていることをやめさせようとしているんじゃないかってこと。だってすごいカタブツだもの！」

「飛躍して結論を出さないようにすべきだし、ここにいない人のことを話すべきじゃないと思うの。先日、自分自身がそんなことをしているって気づいたわ。それに、そういうのは六階ではやめようと話し合ってきたことじゃない。そんなことをしていたら、ネガティブな環境をつくってしまうわ。わたしはミス・スカルペルに対する異議は、第三者ではなく、直接彼女に唱えるつもりなの。わたしたちがお互いに親切にしてきたのと同じように、彼女にも親切にしなければならないわ」何人もがうなずいた。

「わたしたちがしているのは、患者さんにとっても、自分たちにとってもすばらしいことよ。わたしたちにはそれがわかっている。だって、わたしたちは、六階の看護がより人間的で楽しいやり方に変わっていくときにここにいたし、わたしたちが始めたことがこの病院のほかの場所にも広がっていくのを見てきたわ。それに、ミス・スカルペルがわたしたちと共にしようとしているのはただ一つ、患者さんのために最高のケアに専念することなのよ」

こうした会議を二度目に行なったとき、最初に出た質問はまたもやミス・スカルペルのことだった。ピンが発言したいと合図してきた。

ピンは何をしているんだろう？　ロンダは思った。**わたしはこの場で彼女の助けが必要なのに。**「どうぞ、ピン」

「ロンダ、わたしはミス・スカルペルが唱えた異議と、わたしたちがこの職場で一生懸命やってきたことについてずっと考えていたわ。あなたが始めた会話のおかげで、一度は自分が働くのにすばらしい場所をつくったとしても、それがいつのまにか失われてしまうのだとしたら、なんという悲劇なんだろうって考えるようになったわ」

またその話になるのね。ピンは、色鮮やかなポスターや魚のために闘うつもりなのかっ

て、わたしにきくつもりかしら？

「わたしたちはみんな、自分の職場での生活と患者さんのケアのために一生懸命やってきたわ。だからこそ、大事なものがたくさんある。でも、ミス・スカルペルの反応は、実はチャンスなのかもしれないと思わずにいられないのよ」

「チャンスですって、ピン？」ほかのメンバーたちから信じられないというざわめきが起こったが、ロンダは、**さあ続けて！** と思っていた。

「そうよ。とにかく、わたしたちは、表面的なものに頼りすぎるようになってしまったのかもしれないわ。わたしたちにはお楽しみ委員会がある。名札にはプラスチックの魚をつけてきた。アロハシャツの日もある。テーマに沿った食事というのもある。それに、会議のときには、魚のかたちのキャンディやクラッカーまで出しているわ。もっとも、クラッカーはたいていしけていたけど。わたしは何も楽しいことを全部やめようと提案しているんじゃないの。でも、わたしたちがやっていることは、始めたときのようなパンチがなくなっていると思うのよ。

わたしたちの日々を明るくしてくれて、患者さんたちも明るくするような、すばらしくてときにはちょっと変わったことで続けられることはいくつかあると思うけど、たぶん、もっと別の何かが必要なときが来ているんだわ」

ベスはこう言って話に割りこんできた。「わたしもまったく同じことを考えていたのよ。活気を維持するために外からの働きかけに頼っている限り、わたしたちは危険な状態にあるのよ。ちょうどいま直面しているように、外的なものは新しい上司の思いつきで取り払ってしまうこともできる。人生には何の前触れもなく邪魔が入ったりするものよ。もし、内側からわいてくる力の源を活発にして、一人ひとりがもっと責任を持って明るいサービス重視の職場をつくりつづければ、前触れなしに起こるかもしれないことや、将来きっと起こるとんでもない事態にも、あまり影響を受けずにすむわ。わたしたちがいままでしてきたことはすべて、六階の患者さんたちとスタッフにとって特別な体験をつくりだすためでしょう。それはうまくいったけど、目的のための手段であって、目的そのものではないわ」

わたしは騒ぎをどうやって収めようか悩んでいた。ときどき、わたしはこのグループを過小評価してしまうわ。

ロンダはうれしかった。スタッフのうち二名が、ロンダがマーゴとイッシーから学んだばかりの基本的な教訓を要約してくれたのだ。彼女たちは自分のなかにすでにその知恵を持っていたのかもしれないし、会話をしているうちに無意識のうちに伝わったのかもしれないが、そんなことはどちらでもいい。とにかく、ここにその教訓があるのだ。

ジュアンが大きな声で言った。「小さなプラスチックの魚は見えないように服のなかにつけておいたらどう？　これはぼくたちが生き生きと仕事を続けるために努力してきたというシンボルであり、一人ひとりが責任を負っているということを認識しているシンボルでもあるんだ。魚は内側にすればいい」

魚が外的なものなのか、内的なものなのかという短い討議が行なわれた。ピンが発言し、その問題について意見を述べた。

「隠れた魚やステッカーもいいと思うわ。ただし、わたしたちがつくろうとしているものや、失ってはいけないものを積極的に思い出すために、そういったものを利用するのであればの話だけどね。でもわたしたちは魚を患者さんや家族に見せるべきだと思うの。患者さんのケアに対するわたしたちのアプローチを患者さんや家族に示すために、そしてもっと大切なのは、わたしたちがしてきたようなこういう会話をもっとたくさんするために。きっとみんなわたしたちにこれはどういう意味かと尋ねるわ。そして、わたしたちは自分自身の言葉で自分が何をしているのか説明するの。そうする度に、自分にとってほんとうに大切なものがはっきりとわかり、再び使命を感じることができるのよ。言っている意味、わかるかしら？」

みんな興奮して口々に同意を述べた。ロンダは〈タカラ・ツー〉へ行こうともちかけることを決めた。

「みんなすばらしいわ。わたしは自分の心配事をみんなに話してきたけど、わたしの体験のなかでみんなと分かちあっていないことがあるの。みんないまの仕事のやり方を続けることができるかどうか心配しているようね。だから、わたしがある寿司職人から学んだことを、それからこれからもっと学びたいと思っていることをお話しするわ」

ロンダが寿司職人と言ったとき、何人ものメンバーが口をぽかんとあけた。だが、ロンダは話を続けることにした。「最初は、全員が仕事を離れてじかに参加できるような時間をとれるとは思えないから、それぞれシフトと病棟を代表して、志願者によるプロジェクト・チームをつくりたいと思うの」

4　寿司屋の3つの秘訣

プロジェクト・チーム結成

ロンダは、ピンとベスとチャドと数名のメンバーが志願して、プロジェクト・チームに参加してくれたことをうれしく思った。最初の会議は、二日後の午後三時半に休憩室で開かれた。

「志願してくれてありがとう。いまの仕事の量を考えると、あなたがたには大変な犠牲を払ってもらうことになるわ。日勤の人たちと遅くまで残っていいと申し出をしてくれた人たちには、一時間残業をして夜勤の志願者たちの仕事をカバーしてもらうよう手配したわ。

たいしたことではないかもしれないけど、カフェテリアでまずいコーヒーを一杯ぐらいおごってあげてもいいかもね。

ところで、ある友人が、街で〈タカラ・ツー〉という名前の寿司屋をやっている女性を紹介してくれたの。みんながしてきた仕事についての会話は、実は彼女のアイデアなのよ。彼女はいつかお店が休みの日にわたしたちのグループと会って、その店独特の体験をお客さまに提供しつづける方法をいくつか教えてくれると言ってくれたの。ニューヨーカーが寒いなか毎晩行列をつくって、それを体験しようと待っているようなお店なのよ。

彼女は仕事上でのものの見極めがとてもいい人なのよ。彼女の家族の店は一九五〇年からシアトルで営業しているわ。その店は、時とともに変わることで人気を維持していたけど、いつもお客さまに注意を向けることは変えずに続けていた。たとえば、天ぷらに魅力がなくなり、寿司に対する好みが変わると、タイミングを逃さず、そしてお得意さまを逃すこともなく変わったの。わたしたちが行くことになる〈タカラ・ツー〉には、四年間にもわたって毎晩外に長い行列ができているのよ。寿司職人のチーフで、共同所有者のイッシーから、わたしたちのビジョンを実現させつづけることについて何かを学べると信じているわ」

「ロンダ」

「何、ジャスティン」

「そこは飲食店でしょう。だけど、ここは病院だ」

「そのとおりよ。だから、わたしはそのことについていろいろ考えたの。でも、六階で仕事をするやり方のアイデアをどこから得たのか思い出してちょうだい。魚市場の店員たちから学んだのよね。思い出して。だからわたしたちはみんな魚グッズを持っていることを。どこで知恵を授けられるか、必ずしも予想できるとは限らない。わたしたちは魚市場の店員になりたいわけじゃないわよね。でも、彼らの仕事ぶりに見られる可能性に、わたしたちは触発《インスパイア》された。ところで、彼らにインスパイアされたアイデアをわたしたちの仕事に適応させているあいだ、誰か何か調査をしていたかしら？」

ヘザーがすぐに答えた。「わたしはニューヨーク大学でＭＢＡの勉強をしているんだけど、一年間のチーム研究のプロジェクトを割り当てられたわ。わたしたちのチームはこのプログラムに魅力を感じて、この病棟の変化を観察することを選んだの。わたしたちは調査し、患者さんやスタッフにインタビューした。それに、病院から集められる決まりきったデータの分析もしたわ。そのなかには、人事異動による再編成や、その職に就いている長さも含まれていた。実をいうと、あなたが昇進したとき、二回目の調査データを集めている真っ最中だったのよ」

「あら、そうだったの！　わたしはインタビューされたことも、調査報告書に何かを書いたことも憶えていないわ。きっとわたし、歳をとったのね」

「ランダムに人を選んだから。あなたは違ったの」

「まあ、そうなの。歳をとったというより、その説明のほうがほっとするわね。それで、結果はあるの？」

「報告書の最初のドラフトがあるの。そのコピーを差し上げるわ」

「どんな具合なの？」

「わたしたちの教官は、その結果にはとても意味があるというようなことを言っていたわ」

「それはいい意味、それとも悪い意味？」

「もちろん、いい意味よ」

「ミス・スカルペルにお教えして、役に立ちそうな情報ね。さあ、では計画を立てましょう」

割り当てた時間が過ぎたころには、〈タカラ・ツー〉に行くチームの代表たちのあいだで日程の折り合いがついた。

寿司に隠された秘訣

グループは〈タカラ・ツー〉に集まり、イッシーと彼女の夫のヒロと、それから彼女のスタッフの一人と合流した。ロンダはその従業員が例のダイエット・ドクターペッパーのタコであることに気づいた。自己紹介をし、全員席についた。イッシーはみんなのために特別な巻き寿司を用意してくれていた。チームの男性看護師の一人であるチャドがうっとりしているのが目に見えてわかった。

「これは〝我が家特製の巻き寿司〟なのよ。さあ、食べてみて、チャド。一九五〇年に、わたしの祖父と祖母と二人の大おばが店を開くことに決めたの。みんな生まれつき陽気で思いやりのある人たちだったけど、お店にもそういう特色が出たわ。最初、店は家庭の延長だったの。だけど、だんだん成功してくると、家族じゃないメンバーも入れなければならなくなったし、それに祖父母たちが引退する時期もやってきた。わたしたちはその店を守らなければならないという問題に直面したわ。わたしたちを有名にしてくれたその場所をね。祖父母の引退で、それを失いたくなかったの。

わたしの父は医師で、長い時間働いていたから、どうすればいいのか考えるのはほとんど母にかかっていたの。そんなとき、母は長い散歩に出ては、道の途中にある成功している店を訪ねて、必ずたくさんの質問をしたの。時がたち、たくさん失敗をして、わたしたちのリニューアルの秘訣が編みだされたのよ」

見つける

「わたしの母は、強くて健全な組織では、必ず高い参加意識があるということに気づいたの。母は、スタッフたちが一生懸命実現しようとしている理想について、彼らと話し合いを始めたわ。価値と参加について話し合っているあいだやその後に、スタッフのエネルギーがもっとあることに気づいた。そして、参加という問題について話すことが、彼らをより強くし、彼らの考え方をより明快にするということを学んだの。

では、あなたはいったい何に参加しているかしら？　あなたから始めましょう、チャド。あなたは誰よりも巻き寿司を楽しんでいるようだから」

「食べすぎかな？」

「山ほどあるから大丈夫よ、チャド。あなたは何に参加しているの？」

「もちろん、グッド・サマリタンのビジョンと使命に参加しているよ」

「で、それは何なの」

「だから、そのカードに書かれているものさ。ぼくは暗記はしていないけど、なんであるかは多少はわかっているよ」

「このカードには、いろいろな人と幅広くコミュニケーションをとりなさいと書かれているわ。あなた自身はこれをどう実践しているの？」

「おっしゃっている意味がよくわからないんだけど？」

「この広大なビジョンを、自分自身の職場での人生にどう重ねあわせているのかということだけど？」

「そうだな、〝患者さんに対して良質のケアをする〟というのがあるけど、ぼく自身も良質になることで参加しているね。つまり、患者さんと接するときは、相手の気持ちを考えて、賢明に、思慮深く、明るくありたいと思う。堅苦しかったり、よそよそしかったり、ほかのことを考えていたりするんじゃなくてね」

「よく言ってくれたわ、チャド。ところで、あなたはグッド・サマリタンのビジョンのことを話してくれなかったけど、あなたはそのなかに自分の場所を見つけているじゃない」

「ああ、たぶんそうだと思う」

「誰かほかに発言のある人？」イッシーはワサビのきいた鉄火巻きの用意を始めながら尋ねた。

「わたしは職場で同僚を助けることに参加しているわ」キャシーが付け加えた。

「ぼくは、職場の環境をよりよくするために、態度を選ぶことに参加しているよ」口いっぱいに食べ物をほおばったままで、ジャスティンがもごもご言った。

タコが発言した。「わたしの視点から、この店の状況を説明することで、お役に立てるかもしれませんね。我々はみな違う役割を持っていて、よくみんなでその自分の仕事のことや、どうすればその仕事がもっとうまくできるかを話し合っているんです。たいていのところでそうしたことは、やっていると思いますけど。ただこの店がちょっと違うのは、自分の仕事のやり方によってつくりだす体験についても話し合うことなんです。わたしたちは、自分の仕事をしながら、自分が何者なのかということを考えています。わたしは給

見つける

　あらゆるビジョンの最も基本的な構成要素は、一人ひとりの“何か”である。“何か”とはビジョンを自分のものにすることである。

　ビジョンを持続させる力は、会話を通じて自分の“何か”を見つけることによって発生する。

仕。イッシーとヒロは寿司を握る。そしてほかのスタッフたちはほかの仕事。だけど、わたしたちが違うことをしているあいだも、お客さまとお互いのことに注意を向けることで、わたしたちはいっしょに体験をつくりあげているんです。わたしたちは、どうやったらユニークな体験をつくりだして、お客さまにもっと足を運んでもらえるようになるのか、毎日話し合っているんですよ」

イッシーがタコにうなずいて、話を引き継いだ。「生き生きとしたビジョンを色あせないようにするには、こういう種類の討論はしょっちゅう行なわなければならないのよ。数週間前、わたしはロンダに、グッド・サマリタンに戻って、仕事について踏みこんだ会話をどんどん始めるように提案したの。あなたがたも仕事についてそういう会話を始めて、すでに活気が戻ってきていることに気づいているでしょう。別に驚くことじゃないのよ。わたしの母も三十年前に同じことをしたんだから。

つまり、大きなビジョンとあなたの特別なつながりを探して、そのつながりについてお互いに会話するようにすれば、〝参加〟したことになるのよ。ビジョンをいい状態で活かすためには、まず大きなビジョンのなかに自分の〝何か〟を探さなければならないわ。公《おおやけ》のビジョンはみんなのためにつくられるけど、あなたたちは自分だけのビジョンを考えださなければならないの。あなたたちが始めた会話は、自分の〝何か〟を発見したり、再発見するのに役立ってくれるでしょう。

定期的に会議を開いて、自分の参加の仕方や、自分の〝何か〟について意見を交換したいと思うようになるかもしれないわね」とイッシーがほのめかした。「わたしのきょうだいはシアトルの〈タカラ〉で定期的に会議を開いているし、しょっちゅう話し合いをしているわ。ここでも毎週会議をしているのよ。そういう会話を大急ぎでするのは難しいから、いっしょに過ごす特別な時間をなんとかつくりださなければならないの」

実現する

イッシーは言葉を続けた。「自分の〝何か〟を見つけるのは出発点で、それだけでは充分じゃない。次のステップ、つまり自分の〝何か〟を実現することで、実際に持続する力がもっと出てくるわ」

「〝何か〟を実現する？」マロリーが尋ねた。

「ええ、そうよ。繁栄している組織は想像力であふれているものよ。それはたいていビジョンに深く係わることで、つくりだされるものなの。何か大きなビジョンに参加しているとき、もしかしたら見逃していたかもしれないようなチャンスを見つけられるの。あなたがたはそういうチャンスをものにできるわ。この話は最初はちょっとわかりにくいかもしれないけど、わたしたちはどんなふうに仕事をするかによって、みんな〈タカラ・ツー〉のビジョンに深く係わり、そのビジョンが毎日新しくつくりなおされることを理解しているわ。と、言っても、つまり単においしい寿司を作って売っているという意味での仕事だけじゃないの。それは、仕事をしているあいだ、自分が何者になっているかということでもあるのよ」

「もしかしたら見逃していたかもしれないようなことを見つけるというのが何を意味しているのかよくわからないんだけど」ピンが言った。

「わたしが言っていたのは、ビジョンを実現するチャンスのことよ。でも、ロンダとマーゴが初めてこの店に来たときに、いったいどんなことがあったのか、ロンダに話してもらったほうがいいかもしれないわね」

ロンダは両手の指で丸をつくって、眼鏡をかけるように目のところまで持っていった。

「マーゴは眼鏡を忘れてきたんだけど、わたしたちは入口のところでそれぞれメニューを渡されたの。マーゴは小さな字は読めないからってメニューを返したわ。でも、文字通りあっという間に、ウエイターが度の違う眼鏡の並んだトレイを持って立っていたの。それはもうびっくりよ」

イッシーは言葉を続けた。「毎日わたしたちはたくさんの〝ビジョン・チャンス〟に出会うわ。もしくは〈タカラ〉での体験について、ビジョンを補強したり、もっとクリエイティブなものにするチャンスにね。そういったチャンスに応じてわたしたちがたくさん行動すればするほど、〈タカラ〉での体験はよりすばらしくなっていくのよ」

「わたしは自分の母親としての生活から実例をあげられると思うわ」ロンダが言った。

「わたしは子どもたちに言葉に対する愛情をはぐくんでほしいと思っているの。わたし自身、新しい言葉に出会って心がときめいたときは時間をとって、子どもたちといっしょにそれがどんな意味なのか調べるのよ。子どもたちはいまではもう自分たちだけで調べるようになったわ。継娘のアンは、昔、学習困難児だったけど、たくさんボキャブラリーを増やしていった。わたしのビジョンは言葉を愛する人になることで、ビジョン・チャンスは新しく出てくる言葉ね。そうすることが、まるで冒険みたいに思えてきたの」

「それはいい例だわ、ロンダ。あなたは教養のある子どもを育てることに深く係わることによって、言葉に対する愛情をはぐくむチャンスがわかったのよ。そして新しい言葉に出会ったとき、ビジョン・チャンスが現われるの。そしてその新しい言葉を学ぶことを冒険に変えてしまうのね。誰か、看護の現場での例はないかしら？」

とても物静かで内気なヘザーが話しはじめると、みんないっせいに彼女のほうを見た。

「わたしは昨日ジュアンがしたことを見て、とても感動したわ。大きな発作のあと、集中治療室からわたしたちのフロアに移ってきた年配の男性がいるの。彼の奥さんは、歩くと

実現する

自分の“何か”がはっきりしたら、それを実現するチャンスはよりはっきりしてくる。

そういったチャンスのことを、“ビジョン・チャンス”と呼ぶ。

ビジョンを維持するエネルギーは、できる限りたくさんのビジョン・チャンスを活かすことによって生まれてくる。

き、先が四つになった杖が必要なんだけど、一晩中ご主人に付き添おうとしていたわ。でも、もしそうしたら彼女がとてもつらくなったと思うの。

ジュアンは彼女といっしょに座って、彼女の手を握ったわ。そして、彼女にこう言ったの。いまご主人にはこのフロアのスタッフ全員を含めた大きな家族がいて、自分たちは彼に最善のケアができるよう全力を尽くしているって。それから、彼は襟を裏返して、小さなプラスチックの魚を見せたわ。そして、ここのスタッフがこの魚を身につけているのは、その男性がいまは病院という家族の特別な一員であり、大切にしなければならないということを思い出すためだって説明したの。

彼女は自分のベッドで寝るために家に帰ったので、息子さんと娘さんはとてもほっとしたのよ。ジュアンはその女性の気持ちを落ち着けたうえに、もし彼女が一晩中その部屋にいたら夜勤のスタッフが余分な仕事をしなければならないところを救ったのよ。ジュアンにはビジョン・チャンスがわかっていたんだと思うわ」

「そのとおりね」とイッシーが言った。「ビジョンを実現するチャンスを見つけるというのは、毎日ビジョンを再生することにつながるわ。つまりあなたがた一人ひとりが、グッド・サマリタンを毎日ゼロからつくりだすことに責任を持っているのよ。それはどんなふうに仕事をするかにかかっているわ。あなたがたは〝何か〟なの。あなたがたはグッド・サマリタンなの。だから〝何か〟を実現してちょうだい」

イッシーはまた別の種類の寿司を用意しながら話を続けた。「〝何か〟を見つけ、実現するのは重要なことだけど、秘訣の最後の要素なしでは、ビジョンが消えてしまうのは時間の問題だわ。最後の要素は、とても重要であるのと同時に難しいことでもあるの」

ジャスティンが言った。「全身を耳にしてよく聞くよ」

イッシーはほほえんだ。どうやら思っていたことをはっきりとは言わないと決めたらしい。ジャスティンはかなり大きな耳を持っていたようだ。

コーチする

「この〈タカラ・ツー〉ではほとんどの時間、うまくビジョンを実現しているけど、わたしたちは人間だから、間違うこともあるし、自分たちの目標を失ってしまうときもある。だから最後の要素がわたしたち全体の仕事にとってとても重要なの。わたしたちはお互いに目標を持ちつづけるようにする方法を、〝コーチング〟と呼んでいるわ。結局、コーチの仕事は、自分のベストを尽くすのに役立ってくれるの。

ここでは誰もがコーチになり、誰もがほかの誰かにコーチできるのよ。どれだけ歳が上だとか、こんなちっぽけな上下関係のなかのどの位置にいるのかなんて、ぜんぜん関係ないの。それどころか、わたしだっていつもコーチされているわ」

タコが身を乗りだし、話しだした。「わたしは数カ月前にこの店に入ったんです。日本に帰ることになったウエイターのメンバーの代わりとして。面接のあいだにコーチングのことを言われて、もし実際にその場面を見たら信じようと思いました。この仕事に就けてうれしかったですよ。だからコーチングのことはわたしにとっては重要ではなかったんですが、興味はありました。

ある日、イッシーが市場からマグロを持ち帰ったんですが、そのマグロを見たら少し色が変わっていたんです。わたしはそういうのを前に一度見たことがありました。色が変わっているのは、マグロの鮮度があまりよくない目印ということもあるんです。だから、イッシーにそのことを伝えると、彼女はわたしの目をじっと見てこう言ったんです。〝もしこのマグロが新鮮でないとわたしが思ったら、出さないわよ〟。彼女はいつになく厳しい口調でした。わたしにはその理由がわからなかったのですが、コーチしたことに対してぶっきらぼうな対応をするのは、面接のときに話してくれた方針にはなかったような気がすると、思いきって言ってみたんです。正直なところ、きっとクビになると思いましたよ。だけど、実際はイッシーは顔を真っ赤にして謝ってくれたんです。彼女はわたしが正しくて、自分の言い方が不適切だったと言いました。それから、わたしの体験について話したんです。魚を輸送するときに氷に塩をふりかけておくとどうなるかという話をしているあいだ、イッシーはじっと耳を傾けていました」

タコはうつむいて自分の足元を見ると、話を続けた。「経験に基づいた事柄について考え方を交換できるというのはすばらしいことです。でも、材料についてコーチするというところから始まったのに、お互いの接し方についてコーチすることにまで発展してしまって、自分が一線を越えてしまったんじゃないかと不安でした。いまではわたしは、そういったほんとうの会話ができることで、ここをすばらしい職場にするのに役立つだけではなく、〈タカラ〉の体験を毎日つくるのにも役立っているということがわかるようになりました」

イッシーは笑った。「タコは親切ね。彼にあの魚が新鮮じゃないかもしれないと指摘されたとき、わたしがまず最初に思ったのは、自分はそれまでずっと魚を買いつけてきたんだから、新鮮じゃないマグロなんて絶対に買ったりしないってことだったの。でも、たとえわたしが正しかったとしても、わたしは不適切な態度で応えていたのよ。タコはわたしの態度についてコーチしてくれたから、マグロのことはそんなに重要じゃなくなったわ。だって、コーチングの精神そのものが試されていたんだから。わたしたちはみな、自分がコーチを受け入れるか、却下するか決める前に、相手の話を聞かなければならないのよ。だから、わたしは耳を傾け、学んだの。そして、結局、魚は新鮮だって思ったわ」

コーチする

コーチングはお互いに与えあって、ビジョンを強く維持するための贈り物のようなものである。

それが自分の仕事のやり方についてであろうと、チームワークのことについてであろうと、あらゆる方向にフィードバックされるようにしなければならない。

コーチングはひとりよがりであってはならない。わたしたちはビジョンのためにコーチするのだ。

最後の言葉にみんながクスクス笑った。次にベスが話した。「先日、わたしはほかの看護師のネガティブな気持ちに影響を受けてしまい、しばらくビジョンの外に出てしまったの。ロンダは、わたしが患者さんによそよそしくて、批判的な言葉で話しているのを耳にしたわ。そして彼女はわたしにそのことを指摘してくれたの。まったくロンダの言うとおりだった。わたしはコーチをしてもらったんだと思うわ」

「確かにコーチされたわね、ベス。で、どんな気分だった」

「そうね、わたしの最初の反応は、少し自己弁護したい気分だった。わたしたちはストレスがたくさんある場所で働いているんだし、たった一回失敗しただけだったから。でもロンダは、わたしたちが六階をどんなところにしようとしているのか思い出させてくれた。それに、わたしは、こういうふうに仕事をしようというビジョンを支えているってこともね。あれは、ある意味、わたしのことだけではなく、ビジョンについての話だったのよ。でもたしかに失敗しちゃったんだけど」そう言って、ベスはうなずいているロンダにほほえみかけた。

4　寿司屋の３つの秘訣

イッシーが言葉を続けた。「コーチすることは、自分の責任を真剣に受け止めているという証拠なのよ。なぜなら、コーチするのは難しいことだから。コーチはその場所を単にいい場所ではなく、とてもすばらしい場所にするために、真剣に取り組んでいる人たちがすることなの。コーチすることによって、自分がどんなふうにビジョンに参加しているのか示すことができるわ。それから、ほかの人にコーチしてもらうことでも示すことができる。コーチングはみんなをつなげてくれる接着剤のようなものなの。ちょっとした修正をすることによって、その場所を明るく燃やしつづけてくれる燃料のようなものなのよ。コーチが刺激となって小さな改革が起き、わたしたちは生まれ変わることができるわ。

あなたが新人だったり、何かに自信がないときは、コーチしてちょうだいと頼まなければならないでしょう。あなたがキャリアのある人だったら、コーチすることで自分の経験を分け与えなければならないでしょう。でも、キャリアのある人はやり方ができあがってしまっていて、新しい可能性が見えなくなっているかもしれないわ。だから、キャリアのある人でも、コーチは進んで受けなければならないの。コーチし、コーチされることは、ビジョンに参加するということをはっきり示すのよ。参加そのものは抽象的なことだわ。**〝何か〟を見つけ、実現し、コーチする**というのは、実際の行動なのよ」

「誰かがドアを叩いているよ」チャドが話をさえぎった。だが、彼がそう言ったときには、みんなノックに気づいていた。そして、ドアが開き、ショックを受けて取り乱した様子のウィル・ブロックが現われた。

ロンダはドアのところへ駆け寄り、尋ねた。「いったいどうしたの、ウィル？」ウィルは、電話ではとても言えないような恐ろしいニュースがあって、それをロンダに直接話にきたと告げた。ロンダはすぐに彼の隣に行き、さっきより穏やかな声でもう一度尋ねた。

「いったいどうしたの、ウィル？」

ウィルは真っ赤な目でロンダを見てこう言った。「アンが死んだ」すすり泣きながら、彼はなんとか交通事故と酔っ払い運転者のことを話した。長いあいだ二人はただ抱きあっていた。やがてまわりを取り囲むように立っていた友人たちの一人が、道路の縁石のところに無造作に停めてあった車まで二人を連れていった。そして彼らは車で走り去っていった。

病院で働いていると、死は珍しいことではない。だからといって、自分自身に係わる死が受け入れやすくなるわけではない。今回の場合、ロンダの同僚全員と新しい友人たちは、親たちにとって最も残酷な悪夢のショックを、まるで我が身に起こったことのように体験していた。彼らは唖然として言葉を失い、数名は静かに泣きながら立ちつくしていた。しばらくして、ピンが病院に電話すると言った。ピンのその言葉でようやく呪縛が解かれたかのように、みんなゆっくりとその場を離れ、家族や友人になぐさめを求めにいった。イッシーは手のひらに顔をうずめ、夫に肩を抱かれたまま、その場に取り残された。

5　人生に起こるとんでもないハプニング

親たちにとって最も残酷な悪夢

いつか自分の両親を失うだろうということは予想している。だが、誰も自分の子どもを失うことは予想もしていない。それは自然の摂理に反しているからだ。若いときは、姉を失うことすら考えていない。だから、今回のことはマイクとミアを打ちのめした。二人はアンが大好きで尊敬していたのだ。

病院ではショックの波が四方八方に広がっていた。だが、誰もが驚いた反応は、ミス・スカルペルのものだった。

　ピンがこの恐ろしいニュースを電話で知らせた二時間後、タクシーがブロック家の前に停まり、ミス・スカルペルが玄関に向かって歩いてきた。グレーのあご髭をきちんと手入れした男がドアに出ると、ミス・スカルペルはこう尋ねた。「こちらはブロックさんのお宅ですか?」

「ええ、そうですが、いまちょっと都合が悪くて」

「あなたがウィル?」

「いいえ、ぼくはウィルのきょうだいです。あなたはここの家族のご友人ですか?」

「わたしは病院でロンダといっしょに働いています。彼女とお話しさせていただけませんか?」

「すみません。失礼をしました。いまみんなショックを受けておりまして。どうぞお入りください。ところで、お名前は?」

「メイブル・スカルペルです」

「どうぞお座りください」

メイブルはあたりを見回した。まるで写真ギャラリーに座っているようだった。アンのことはすぐにわかった。一枚の美しい写真のなかで、アンは有名な俳優の隣に立っていた。その写真のアンは、とても生き生きとして見えた。

「ミス・スカルペル。いったいどうして……？」

「ロンダ、わたしは力になりたくて伺ったんですよ。以前にこういうことのお手伝いをしたことがあるの」**そして、わたしにも一度起こったことなの。**と彼女は心のなかでつぶやいた。「だから、やるべきことがわかっているんです」

「でも、そんなことをしていただかなくても……」

「ずっと看護師をしてきた者だったら、こんなとき、お互いに助けあうものですよ。あなたは悲しみに暮れているけど、やらなきゃならないこともいろいろあるわ。電話番の人間を手配し、テーブルに料理を用意しましょう。もし、何かほかに必要なものがあったら、遠慮なく言ってちょうだい。心からお悔やみを申し上げるわ、ロンダ。慰める言葉なんてないのはわかっていますけど、あなたのためにならどんなことでもするためにここに来たということはわかってくださいね。わたし自身、過去に大事な人を失ったことがあって、あなたのためにここに来たかったの。わたしは後ろに引っこんでいますから、何か必要なことがあったらいつでも言ってくださいね」

ロンダはありがとうと言い、さっきまでウィルといっしょにショックで言葉を失ったまま座りこんでいた居間へと戻った。ときどき、絶望的な泣き声が部屋中に響きわたり、そのあとにこらえきれないすすり泣きが続いた。

わたしもこういうことは生々しいほどに憶えているわ。と、ミス・スカルペルは思った。**こういったことは、人生にはつきものなのよ。**

ミス・スカルペルは作業を続けた。三十分のあいだに彼女は二十四時間体制の看護師のチームをつくって、食事の用意をしたり、訪ねてきた客に応対したり、空港に行ったり、使い走りをしたり、客の送り迎えをしたり、ベッドを用意したり、食べ物を皿に分けたり、必要な電話をとりついだりした。ゴスペルの聖歌隊のメンバーが食べ物を持ってやってきて、やはり手伝いを申しでた。聖歌隊のメンバーたちは看護師チームにすみやかに溶けこんだ。そんなことが葬式の翌日まで続いた。そして葬式の翌日、ウィルとロンダはロサンゼルスのアンの友人たちによって開かれる追悼式に向かった。ミス・スカルペルたちの最後の申し出は、家を隅から隅まできれいに掃除することだった。

看護師のハートに見えるもの

病院の仕事には途切れることのない集中力が必要だが、今回の場合、仕事のリズムのおかげで、友人に起こった忌まわしい現実から逃れることができた。同僚が子どもを失ったとき、同じことが自分たちに起こっていたとしても少しもおかしくないのだと気づいた。

掲示板には頭に傷を負った六歳の少女の言葉を書きうつした、いじらしい手紙が貼られた。その少女の場合、シートベルトをしめていれば、怪我をしなくてすんだのかもしれなかった。小さな女の子は、自分の人生を取り戻すために必死で闘っていたが、何かが起きていることに気づき、質問をした。そしてロンダが娘を失ったことを聞くと、彼女はどうしても短い手紙を書きたいと言った。

ロンダ看護師さんへ
わたしのことをおぼえていないかもしれませんが、わたしは六一一号室に入院している女の子です。

娘さんが亡くなったこと、とってもかわいそうです。

わたしも悲しくなりました。

あなたもきっと悲しいでしょうね。

帰ってきたら、抱きしめてあげたいです。

愛をこめて。ティナ
追伸――もしわたしが退院してしまったら、抱きしめてあげられませんね。

ピンとベスが廊下で出会った。「ねえ、ベス、このフロアにはいい人がたくさんいて、やさしい心があふれていて……」彼女は言葉を最後まで言うことができなかった。

「わたしもそう思うわ、ピン。こんなことが起こったとき、自分がどんなふうに生きてきたか、そして人生がいったい何なのか、はっきりわかるわね。わたしたちはともするとと仕事を機械的にこなしてしまいがちだけど、こんなときは相手を思いやる心が表に出るわ。まるで角が少し取れてくるように感じるの。だからこそ、生き生きと仕事をする哲学を守りつづけなければならないんだわ。わたしたちは人間らしく生きるために看護師になったんだもの。わたし、ロンダが職場に復帰するときのことを考えたの。かろうじてでも普通と呼べるかもしれない日がくるまで、何カ月もかかると聞いたわ。わたしたちは、〈タカラ・ツー〉で始めたことを続けなきゃいけないかもしれない。誰も昔のようなやり方に戻ってしまうのを見たくないはずだわ。あんな仕事をしていては、貴重な人生がもったいないわよ。アンの思い出を大切にするには、ロンダが始めたことを続けるのが最善の方法だわ。わたしたちは、明るくて、思いやりがあって、自覚のある仕事の仕方をまた新しくつくりだそうとしているところなのよ」

「わたしたち、家族や友だちと過ごす時間よりも、仕事に費やしている時間のほうが多いわよね。お祈りをする場所で過ごす時間よりも、ここで過ごす時間のほうが多い。それに、大自然のなかで過ごす時間よりも、仕事をしている時間のほうが多い。起きている時間の大部分はここで過ごしているのよ。それは、自分が何にどんなふうに係わっているのか判断するチャンスでもあるし、単に仕事をもっと楽しくするのではなく、もっと意味があることだって示すチャンスでもあるわ」

「こんにちは、みなさん」

「ミス・スカルペル」

「またあのくだらない小さな魚を出しましたね」

「ええ、わたしたち……」

「最初ここに来たとき、わたしはちょっとせっかちなことをしてしまったかもしれません。ヘザーがフィルとわたしにくれたデータを見て、初歩的なことではあるけど、すばらしいと思いましたよ。誇りに思うべきですよ。わたしがこのグループの本部にいるとき、この病院についてのいい噂をたくさん耳にしていましたけど、そうしたすばらしいことの源が何だったのかよく知らなかったんです。このフロアの患者さんとスタッフの充実度はぐんぐん上がっていますよ。

でも、わたしなりの意見もやっぱりあるんです。あなたがたが得たものを確実に維持するために、いったいどんなことをしているんですか？　それとも、ほんとうの問題を隠してしまうお飾りにばかり気がいってしまうようになったの？」

「いいえ、わたしたちは……」

「ロンダが戻ってきたら、彼女は自分の仕事をして、きっとうまくやってくれるでしょうけど、あなたがたがいつまでも彼女に頼って元気を引きだしてもらえるとは思えないんですよ」

「ただちょっとおしゃべりのつもりで……」

「わたしはこのおしゃべりを楽しんでいますよ。ケアをする看護師たちのところへ戻れてよかった。おしゃべりはこのぐらいで充分ですよね？」そして、ミス・スカルペルはくるりと背を向けその場を去ろうとした。

「ミス・スカルペル」

彼女は振り向いて言った。「何、ピン？」

「あなたのしてくれたすべてに感謝しています。わたしたちみんな、どうやってロンダと彼女のご家族の力になればいいんだろうって悩んでいたけど、あなたがすべて仕切ってくれて、ほんとうに必要なことをわたしたちがちゃんとできるようにしてくれました」

最初、ミス・スカルペルは困って言葉を探しているようだった。やがて彼女の瞳が輝きだした。そしてとうとう彼女は口を開いた。「看護師は一致団結するものですよ。それにわたし自身、突然の死というものを経験したことがあったの。夫がずっと前に急死してね。ロンダが戻ってきたら、彼女は陽気で楽しい人ではなくなっているかもしれませんけど、それでも彼女はすばらしい看護師ですよ。人間にはもの思いに沈むのがふさわしいときもあるんです。それに、ロンダがわたしたちとは違う時刻表《タイムライン》の上にいることを忘れないでくださいね。ロンダはこれから何年も悲しいと強く思う瞬間を経験するでしょうけど、それはそういうものなんですよ。

ロンダが悲しんでいたとしても、あなたがたが一生懸命ここに築いてきた楽しい環境を以前よりも気にかけなくなったということではありませんよ。人生はいつも楽しいものではないし、彼女はただ人間らしいだけなんです。今度はあなたがたがここでしていることが、ただ楽しいだけじゃなく、どんな人間の感情にも性格にも通用すると証明するチャンスですよ。それこそ、ほんとうに患者さんとお互いのスタッフに深く係わるということです」彼女はそう言うと、ぱりぱりに糊のきいたポケットからハンカチを出して、立ち去っていった。

ベスはピンを見た。「彼女は世代は違うけど、あの堅苦しい白い制服の下には、確かに看護師のハートがあるわ」

追悼式でできること

ロンダとウィルは、泣きはらして真っ赤になった目をし、心にぽっかり穴が開いたような空虚な気持ちでロサンゼルスに到着した。アンのルームメイトのジルと、ボーイフレンドのロブと、友人のグレッグとメリッサが、アンとジルの住んでいたところに近い浜辺で追悼式を準備していた。テレビ番組の《ベイウォッチ》によく出てきたことで有名な海岸で、たくさんのバレーボールのコートがあった。

ロンダとウィルが到着し、車を停め浜辺を見ると、八十名ほどの人がすでにふたつの炎を囲んでいた。

「わたし、追悼式なんてできるかどうか自信がないわ、ウィル」

レンタカーに乗ったまま、ウィルは妻を愛情深い目で見つめた。「きみは何もしなくていいんだよ。それともホテルに戻るかい？　あそこにいるのはアンの友だちだから、きっとわかってくれるよ」

「あなたのその強さはどこからくるの？」

「それはかいかぶりだよ。いま、ぼくは単に、一つの瞬間から次の瞬間に移ることに必死になっているだけさ。だけど、あそこにいるのはアンの友だちで、ぼくはロサンゼルスの映画業界で働いていた彼女の人生をほとんど知らない。アンがここに何年もいたにもかかわらずだ。ぼくはアンの友人や同僚が知っている彼女のことを聞きたいんだ」

ロンダは車のドアを開け、足を踏みだした。「この追悼式に参加する気構えとして、すばらしいわ。わたしたちはロサンゼルスでのアンの人生をたたえるのね」ロンダはウィルの手をとり、二人で浜辺に向かった。

病院での計画づくり

「わたしたちだけで自由にやってみましょう、ベス。まず、わたしたちの主な病棟の役割を基に三つのグループに分けて、それぞれのグループがイッシーに教えてもらった原理の一つを担当するの。わたしは同じ階にある腎臓科といっしょに〝見つける〟ことに取り組むわ。あなたさえよければね」

「ええ、いいわよ、ピン。じゃあ、わたしたちの病棟は〝実現する〟で、チャドは〝コーチする〟にすればいいわね」

「役割についてどんなふうに説明すればいいかしら？　わたしたちの目的が、このすばらしい職場の環境を維持し、活性化し、発展させることだっていうのはわかっているんだけど。でも、それをどう組み立てていったらいいかしら？」

「わたしに任せて、ベス。わたしたちの最初の仕事はこうよ。参加することについてもっと勉強する。わたしたちが学んだことをほかの人たちを巻きこむ楽しい方法で分かちあう。同僚たちにここで実践できる特別なアイデアを考えてもらうよう導く。つまり、ビジョン・チャンスをつくるのよ」

「すごいわ、ピン。〈タカラ・ツー〉でとったメモのコピーを作ったの。それからチャドにコピーを渡すときに、わたしたちの計画の要点をかいつまんで話しておくわ。それからもう一つ……。これでいいのかしら？　つまり、ロンダが気を悪くするんじゃないかって思わない？　わたしたちは自分たちだけの手でやろうとしているわけだから」

「いいえ、それどころか、きっとロンダは安心すると思うわよ。マデリーンのもとで始めたものを続けることに、ひとりきりでひどく責任を感じていたから。でも、いまでは、わたしたちがその重荷の一部を背負えるし、背負うべきだということがわかったの」

〈タカラ・ツー〉を導く3つの原理

見つける

ビジョンはたいてい、あらゆる意味での顧客にサービスするためにつくられる。ただし組織のなかで働く個人個人が、ビジョンを自分の問題としてとらえるようになってはじめて、それは実現する。大きなビジョンのなかに自分の〝何か〟を見つけようと責任を持ったときに実現するのだ。そして、自分の〝何か〟は、ビジョンを共有するほかのメンバーと話し合うことによって見つけることができる。〈タカラ・ツー〉のスタッフは、自分たちがどんな場所をつくりたいか、そしてそれをつくるためには各自がどんな役割を持っているか、定期的に時間をとって話し合っている。

実現する

わたしたちは毎日、ビジョンを再生産する数えきれないチャンスに出会っている。イッシーはそれらを〝ビジョン・チャンス〟と呼んでいる。自分の〝何か〟を見つけることができたら、自然に起こるビジョン・チャンスを充分に活かすことで、それ実現しなければならない。

コーチする

ビジョンを実現させつづけるのは、一人では難しい。それは、自分の行動を自分自身で観察し、自分が他人に与えている影響を感じとることが難しいからである。だから、フィードバックが重要な役割を果たす。単に「わかりました」と言うだけではなく、フィードバックをし、フィードバックされることに責任を持つ。そういう職場の雰囲気をつくりだすことで、ビジョンをしっかり保つために必要な日々の調整ができるだろう。それはコーチングと呼ばれ、あらゆる価値のあることを維持するために重要な要素である。

メモ

わたしたちは全員、こういったアイデアの持つ力と重要性を自分のために理解し、自分自身の意志で行なうことを選択しなければならない。自然なエネルギーは、一人ひとりの選択から生まれるのだから。

6 行動に移すとき

自分たちのやり方を見つける

ピンとベスが六階で計画の打ち合わせをしてから一カ月がたった。ロンダは職場に復帰したが、明らかに悲劇的な喪失から影響を受けていた。彼女はよくぼんやり宙を見つめていた。患者のケアにじかに参加し、活動することが彼女の役に立つので、スタッフは難しいケースに出会うと頻繁にロンダに助けを求めた。そんなとき、ロンダは以前よりもすばらしい能力を発揮した。ロンダは小児科神経病棟の六一一号室の小さなティナがゆっくりとではあったが確実に、回復していることに特別な興味を持つようになった。ティナの手紙は、ロンダの掲示板に飾られたアンの写真の隣の特別な場所にあった。

ロンダとミス・スカルペルは、計画についてざっと説明を受け、喜んだ。フィルは立ちより、スタッフたちの努力に興奮していることを伝え、力になると申しでた。

ミス・スカルペルはいつものように、意見をたくさん述べた。ピンとベスとチャドはこうした彼女の一方的な話し方に慣れてきていたし、それどころか、それを楽しめるようになりはじめていた。そういう会話をしているあるとき、ミス・スカルペルは、ロンダとピンとベスとチャドにランチミーティングをしないかと誘った。みんなは、午前十一時に彼女のオフィスの外で待ちあわせることにした。

「ランチには少し早くないかい？」ピンとベスといっしょにミス・スカルペルのオフィスの前に立っていたチャドがきいた。ミス・スカルペルが急いで出てきた。正面玄関の回転ドアを通り抜け、駐車場に向かう彼女のあとをみんな必死になって追いかけた。

「ロンダを待たなくていいんですか？」

「彼女はここでわたしたち三人のカバーをすると言ってくれたのよ」

6　行動に移すとき

「なんだか変ですね」とチャドが言った。

「理解があって、プロらしいということですよ」全員で通路を進みながら、ミス・スカルペルがきびきびと答えた。「あなたがたはチームリーダーじゃなかったんですか？」

「そうですが……」

「もういいでしょう。さあ早く車に乗ってちょうだい」

「どこに行くんですか？」

「マンハッタンまで」

車はジョージ・ワシントン橋を渡ると、静かに曲がりダウンタウンに向かった。車の中では通りすぎていく景色のことばかり話していた。ニューヨークでの人間観察は世界一のおもしろさだ。とうとうピンが尋ねた。「で、ランチでいったい何をするんですか？」

「わたしは引退までもうすぐです。だから、受け継いだものを残すことについて、いろいろ考えていたんです。このホスピタル・グループのためにつくった調査プログラムのことは、とても誇りに思っていますし、わたしの最後の二年間、昔ながらの看護師の知恵を新しい世代の看護師たちに伝えていけば、何の苦労もしないで順調に過ごせるかもしれないと思っていました。でも、わたしはグッド・サマリタンで発見したものに対する準備ができていなかったんですね。ここにはものすごくたくさんのチャンスがあるというのに。

ヘザーの調査は、あなたたちがすでに知っていることを証明してくれました。あなたたが懸命にやってきたことには大きなインパクトがありますね。でも、わたしが初めてこの病院に来たとき、あなたがたが外的なものに頼りすぎているように見えたし、新人が溶けこめないようにも見えたんです。でも、あなたがたにはたくさんのことを教わったわ。だから、わたしもあなたたちに何かを教えてあげたいんです。さてあの評判になっている寿司職人が、わたしたちがまだ知る必要のあることを教えてくれるのか、確かめにいきましょう。さあ、着きましたよ」ミス・スカルペルは店から歩いてすぐのところに、なんとか車を停める場所を見つけた。

看護師たちが車から降りると、イッシーとマーゴが待っていた。二人は、毎晩、風雨から行列を守るために使われているビニールのカーテンを開けてくれていた。

「寿司を食べられるのね」ベスはよだれをたらしそうだった。

イッシーが笑って答えた。「実は、通りの先にあるデリカテッセンから、コーンビーフのサンドイッチを取り寄せちゃったのよ。ちょっとしたジョーク！　両方あるわ」

みんなが長いテーブルの前に座ると、サンドイッチと、おいしそうな寿司の皿がいっしょに回されてきた。

マーゴが最初に話した。「このなかには、わたしが市のリーダーシップのプログラムに参加していて、そこで幸運にもイッシーに出会ったことを知っている人もいるかもしれない。でも、メイブルがその組織の創設者で、元の会長だったことは知らないでしょうね」

三人の看護師たちが、信じられないという思いと尊敬の念が入り交じった目でミス・スカルペルを見た。

「だから、わたしたちが二人とも、グッド・サマリタンと、わたしのいちばん古くて大切な友人のことを心配して、しょっちゅう話しているのは別に驚くことじゃないの。ロンダとわたしは小学校一年のときからのつきあいなのよ。イッシーもわたしも、あなたがた全員が必要なサポートをちゃんと受けているか確かめたいの。チームは自分たちの役割をどんなふうに実行しているの？」

ピンはほかの二人の看護師たちをちらりと見た。すると、二人がうなずいていたので、こう言った。「実は、ぜんぜんうまくいっていないの。ビジョンのなかにあなたの言う〝何か〟を見つけるのが重要だっていうことはわかっているんだけど、どこから始めればいいのかよくわからないのよ。たぶん、ほかの会社とか団体からなんらかの例を教えてもらえれば、もっとはっきりすると思うんだけど。

それに、〝実現する〟ということをみんなが理解するのに役に立ちそうなアイデアや、例に出せるような明確なビジョン・チャンスはあっても、スタッフに積極的に参加してもらう方法がなかなか思いつかないの。お手本をリストしたものがあれば助かるんだけど。

もちろん〝コーチする〟は、三つのなかでいちばん簡単だわ。わたしたちはヘルスケアの現場でフィードバックする習慣があるから、一般的に人には、率直でわかりやすいコミュニケーションが、理解されやすいということを知っているの。つまり、いつも患者さんのケアがよくなされているかの反省会をしたり、実際の医療が正しくなされているかの反省会をしているから。でも、わたしたちの仕事の仕方や、職場のなかでどんな人間であるかについて話し合うときも、同じように率直で正確にする習慣は、どうやって身につけていけばいいのかしら？　これももっと例があれば、役に立つかもしれないわ」

イッシーが答えた。「ロンダがわたしたちと最初の話し合いをしたあとで病院に戻ったとき、仕事と自分が仕事から得たいものについて、みんなと会話することから始めようとしていたでしょう」

「ええ」ピンが答えた。「ロンダが、仕事の仕方について話し合えるかどうかきいた日のことを憶えているわ。最初、わたしは自分が何か失敗をしたのかと思った。でもその話をしたおかげで、わたしはジュアンと会話したわ。わたしたちの仕事のやり方に彼はなじみたがっていた。なのに、その気持ちを思いやってあげることができなかったせいで、彼を落ちこませてしまったって気づいたの」

「それに、仕事について掘り下げた会話をするようになって、エネルギーの波が押し寄せてくるのも感じたはずよ」

「ええ、あんなにすばやく何かが起こるなんて、びっくりしたわ」

「そう、とにかく、その自然のエネルギーを信じなければならないわ。もしほんとうの会話ができれば、必ずわいてくるものなのよ。それに、もっとたくさんの例なんて、ほんとうは必要ないのよ」

「そうなの？」

「ええ、わたしは必要ないと思うの。あなたたちは原理を理解しているようだし、わたしたちが、どんな行動をしているかという例をもう見たでしょう。理解のための時期はもう過ぎて、いまは行動に移すときよ」

「ところで」とミス・スカルペルが言った。「わたしはロンダと話したんですけど、彼女もまた参加したがっていましたよ。でも彼女はあなたたちのお株を奪うことになってしまうんじゃないかと心配しているんです。ロンダは、あなたがた三人が責任を引き受け、計画を進めていることに、心から感動しているんですよ。だから、彼女は邪魔をしたくないんですわ」

「邪魔ですって！」ピンが言った。「このプロジェクトにもっと係わりたいとロンダが思ってくれているなんて、最近ではいちばんのニュースだわ。でも、いまは〈タカラ・ツー〉の話に戻ってみましょう。行動を始めるために何をすればいいか、アドバイスをいただけないかしら？　やるべきことの長いリストのようなものはないの？　つまり、あなたの家族がビジネスをやっているときに考えだしたアイデア集のようなもののことだけど」

「ちょっと違うわ」と、イッシーが言った。「〈タカラ〉と〈タカラ・ツー〉は、ビジョンを維持するために必要なやり方を発見してきたけど、考えだしたわけではないわ。それは、長いあいだ実行してきたことなの。ピン、いまは行動のときよ。

あなたたちに合う方法は、グッド・サマリタンでのあなたたちのやり方を大切にしてつくりださなければならないの。わたしとしては、この店でのわたしたちの努力を認めてもらえてとてもうれしいけれど、自分の世界でこの知恵を実現する自分なりのやり方を見つけなければならないのよ。これ以上わたしたちを観察したり、わたしたちのしていることを分析するのに時間を費やしても、あなたがたの実際の仕事から注意が逸れてしまうだけだわ。あなたがたのほんとうの仕事は、グッド・サマリタンでの仕事にこういう係わりあい方をすることなの」

「わたしたち、どうすればいいのかわからないの」

「それはあなたたちの道が独特だからよ。あなたたちは、昔から受け継がれてきた知恵を使ってきたかもしれないけれど、それを応用するのは新しいことだし、自分で見つけなければならないのよ。未知のことに出会ったとき、行動するにはちょっとした勇気が必要なの。もっと例を使い、もっと勉強するのは自然かもしれないけど、行動を起こしにくくするという問題もあるのよ。

哲学者のジョーゼフ・キャンベルの言葉が役に立ったわ。彼はこう言っているの。もし目の前に第一歩、第二歩、第三歩という道が見えたら、一つ確かなことがある。それは自分の進むべき道ではないということだ。自分の道は行動に移した瞬間にできてくる。もし、目の前に道が見えたら、確かにわかるのはそれは誰かほかの人の道だということだ。だからこそ、その道がはっきり見えるのだ、とね。

わたしは、効率よく働いている組織を観察してヒントをもらうようにしてきたわ。でも、いざ行動に移すべきときがくると、誰かほかの人の〝やり方〟のリストなんて、必要なくなるのよ。自分がしなければならないのは、自分自身の最初の一歩を踏みだすことなの。

いまのわたしに提供できるのは、もう寿司以外何もないわ。いまは、あなたたちにとって、まだ存在していない道をつくりだすときなのよ。その道は自分たちでつくらなければならないの」

それから一時間ほど、みんなでテーブルについて話しているうちに、これからやらなければならない仕事、つまり自分たちだけの一つの道を探すことについて以前よりも肩の力が抜けていった。

チャドとベスは地下鉄の駅まで歩いていった。ピンとメイブルはそれぞれひとりで帰っていった。チャドとベスはメモを比べてみた。そして二人が掘り下げた会話をしているあいだ、店のウインドーがベスの気を引いた。二人はしばらく立ち止まり、飾られた家族写ガイドとなる原理を理解したら、次は行動に移すときである。

わたしたちは、ほかの人たちが歩いてきた使い古しの道を見つけようとする。それが、自分の行きたいところへ導いてくれると思って。

だが、実際は、自分自身の道を切り開かなければならないのだ。そして、わたしたちがコンパスにできるのは、信念を持ってものごとに取り組むことだけなのである。

真の列をじっくり見た。

「人は自分の人生で必ず特別なときに写真を撮るんだと思うわ。でも、写真が発明される前は、どんなふうにしてきたのかしら？」

「もちろん、洞穴の壁に絵を描いてきたのよ。いったいどうしたの、ベス？　ここのディスプレーを見ているあいだ、一瞬心がどこかに飛んでいってしまったように見えたけど。いったい何を考えていたの？」

ベスは写真によって刺激されたアイデアを話した。それから、二人ともとても疲れていることに気づき、タクシーを捕まえて帰ることにした。

参加の門——見つける

月曜日の朝、イッシーに行動に移すべきだと言われてから五週間後、〈フィッシュ！おかわり計画〉が初めて公式に動きだした。グッド・サマリタンの六階のロビーには、フェンスが張られ、古風な蝶番式の門がついていた。そこには〝参加の門〟と書かれていた。門の上には、二つの質問の看板があった。

あなたはグッド・サマリタンのビジョンに参加していますか？
あなた個人のビジョンを見つけましたか？

脇には椅子が一つ置かれた案内所があり、エレベーターの前にはピンと彼女の〝見つける〟チームが、ロンダとミス・スカルペルといっしょに立っていた。スタッフがエレベーターから降りたり、ドアを通りぬけるとき、満面の笑みと挨拶とカードと小さなピンバッジを受け取った。

カードの裏には、病院の最新のビジョンが、聖書の言葉と共に書かれていた。

あなたはグッド・サマリタンのビジョンに参加していますか？
あなた個人のビジョンを見つけましたか？

このカードの裏には、グッド・サマリタンの最新のビジョンが書かれています。質のいいヘルスケアとすばらしい職場の環境づくりに参加することを正式に発表するのはとても大事です。そして、このビジョンはあらゆる関係者のために普遍的な言葉で書かれています。しかしそれは、あなたやわたしが、このビジョンのなかに自分たちの場所を見つけ、仕事や自分の役割を通じ、実現するまで、紙に書かれた言葉でしかないのです。

明るく、楽しく、チームを基本にした仕事へのアプローチをこの六階では発展させてきました。わたしたちの職場での生活と患者さんのケアの質は、この仕事のやり方によって良いものになりました。しかし、いまは、わたしたちは、発展したこのビジョンを維持することに参加するかどうか決めなければなりません。第一歩は、大きなビジョンのなかに各自が個人のビジョンを見つけ、それを実現することです。自分たちのビジョンを見つけるたった一つの方法は、同僚と仕事についてほんとうの会話をすることです。

これから二週間のあいだに少なくとも五回の会話をすることで自分が参加していることを進んで示していただければ幸いです。そうすれば、自分のビジョンが明らかになるはずです。以下の質問は、それぞれの会話の出発点になるものです。

- 仕事をしている日、あなたはビジョンを実現していることを知っていますか？
- 患者さんとスタッフのために、わたしたちはどんな体験をつくりだそうとしているでしょうか？

グッド・サマリタンのビジョンをどのように自分のものにしていますか？

わたしたちの仕事のやり方を活気に満ちたものにしつづけるために、お互いにどんな協力をしているでしょうか？

午前八時半までには、日勤のスタッフのほとんどが、参加の門を見て、遊び、笑顔と挨拶とカードとピンバッジを受け取った。最後に訪れたのは院長のフィルだった。

「これはずいぶん効果が出たようだね」と、フィルが言った。「だが、このピンバッジはいったいなんだね？　もっと内的なエネルギーに換えていくんだと思っていたが」

「そのとおりですわ」と、ミス・スカルペルが答えた。「外的なエネルギーはある程度のところまで連れていってくれるだけで、わたしたちはみなそれをわかっています。でも、わたしは、シンボルや儀式が、ビジョンを維持するという重要な目的を果たしてくれることに気づいたんです。リッツカールトンにおけるシンボルと儀式の力について書かれた《ハーバード・ビジネス・レビュー》の記事を呼んで、その関連性がわかったんですよ。ところで、一つ質問してもいいですか、フィル？

患者さんや家族や、誰かよそから来た人が、看護師の襟に変わったピンバッジがついてるのを見たら、どうなると思います？」

「そうだな、その人は不思議に思うかもしれない」

「そのとおりです。そして、その人たちの質問に答えはじめたら、どんなことが起こると思いますか？」

「わかったよ。質問に答えることで、自分自身の理解と参加をはっきりさせ、より強力にできるんだろう。ピンバッジは、相手を刺激することによって、会話が続くようにしてくれるんだね。ほかに、隠し球は？」

「そうですね、参加の門はここに数週間置いておくつもりです。あとは、自分たちの〝何か〟を失ってしまった人や見つけられない人のために、遺失物取扱所が必要だと考えています。それから、プロジェクト・チームから出されたアイデアがあるんですよ」

「それはどんなこと?」

「ミス・スカルペルの糊のきいた帽子を置いてある場所のことよ」ロンダが、門の端を指さしながら、話に加わってきた。そこにはピンとベスとチャドによって作られた特別なフックにメイブルの帽子の一つが掛かっていた。「あれは、ミス・スカルペルが六階にどれだけたくさんのことを教えてくれたか、わたしたちに思い出させてくれるの。もしできれば、引退の時期を遅らせることを考えてもいいんじゃない、ミス・スカルペル?」

写真がとらえる瞬間――実現する

六階のスタッフに、コンテストが開かれるという広告が出た。ルールは簡単だった。それぞれのチームがロビーに場所を割り与えられるので、自分のグループメンバーがビジョンを実現しているところを見つけたら、写真を撮って、そこに貼るのだ。つまり、ビジョン・チャンスをとらえた写真が次々と掲示板に貼りだされることになる。ルールは、掲示板に飾りをつけてもいいことと、写真はすべて病院の患者が実際にその場にはいないときのビジョン・チャンスでなければならないことをうたっていた。それから、写真は、ポーズをとったものではなく、正真正銘のスナップ写真でなければならないことになっていた。チームは発表までに四週間の準備期間が与えられた。そしてほかの階の看護師たちが、結果を判定することになっていた。

〝ビジョン実現〟コンテストのお知らせ

六階のスタッフのみなさま。第一回〝ビジョン実現〟コンテストにぜひご参加ください。このコンテストの目的は、わたしたち一人ひとりのビジョンを実現することによって、グッド・サマリタンのビジョンを日々実現するたくさんの方法を示し、描写することです。仕事の割り当てに基づいてチームをつくり、賞を競ってください。

各チームは、自然に発生した〝ビジョン・チャンス〟を写真に撮ってください。〝ビジョン・チャンス〟とは、グッド・サマリタンのビジョンを実現できるチャンスのことです。写真はあなたやあなたのチームが仕事の最中に実現した瞬間の記録となり、それを判定してもらうために掲示されます。ルールの詳細については、このお知らせの裏側を見てください。また何か質問がありましたら六一二一番のベスにご連絡ください。ご健闘をお祈りします！

優勝賞品が掲示された。それは大皿に盛られた寿司の写真だった。ほんものの寿司が優勝チームにはごちそうされる。

写真コンテスト開催

コンテストのお知らせから四週間がたち、ロビーは人でいっぱいになった。「消防署長が取り締まりにこなければいいけど」ベスはジュアンに冗談を言った。

選考委員会の代表者が、作られた小さなステージに上がり、マイクを手にした。集まった人々が沈黙に包まれた。全チームの代表者も黙りこんだ。

「みなさま、〝実現〟の勝者を発表し、賞品をお渡しできて、たいへん光栄です。このコンテストは、六階のみなさんが、ビジョンをいろいろな形で自分のものにしているところを写した写真を集めようという計画でした。コンテストの主催者は、わたしたちがビジョンを実現する方法、またはいまの呼び方ではビジョン・チャンスを探すことによって、一人ひとりが毎日の一瞬一瞬にチャンスがあると気づき、自分の貴重なビジョンを実現しつづけ充分なエネルギーを維持してほしいと望んでいます。それでは、封筒をいただけますか?」

マーゴがステージに進みでて、封筒を渡した。「こちらは、マーゴ・カーター。イースタン銀行の専務取締役で、審査の結果はこちらの銀行の金庫に預けてありました」静かな笑いが起こったが、みんな結果発表をいまかいまかと待っているようだった。

「第二位は、とても競争意欲のあった重役チームです。審査員たちは、重役室で行なわれているたくさんの〝遊び〟に心から感銘を受けました。トップの管理職が、ランチを食べながら従業員たちと会議をしたり、話を聞くというビジョン・チャンスも、決定の要素となりました。重役のみなさんがカフェテリアで食事するのは、重役のランチルームがお偉方の写真だらけだからでしょうね」何人かがクスクス笑った。「それではどうぞ」

フィルが進みでて賞を受けたが、スピーチをすることは穏やかにこう言って辞退した。「本題からそれますが、重役のランチルームは誰もが使えるよう多目的空間として再び開くつもりであることをこの場をかりてお知らせします。このアイデアは、わたしたちのところのミス・スカルペルから出されたものです。医師や看護師やほかのスタッフたちが、ほんのちょっと現場を離れられる場所が必要になることがよくあると、彼女に説得されました」この言葉に、当然のことながら拍手喝采がわきあがった。

「それでは第一位を発表します。これは選ぶのがとても簡単でした。第一位は、六階の看護助手と栄養士の方々です。選考委員会は、あなたたちがグッド・サマリタンで使命感を持って働いているところをとらえた写真にだけ感銘を受けたのではなく、あなたがたがみんなのお手本になってくれることにもとても感動したんです。

現場の裏側で、あなたたちが患者さんのためにしているすべてをとらえた何枚もの写真が、今回の主旨をはっきりさせてくれました。あなたがたの賢明なアプローチのおかげです。ポケモンのキャラクターでデコレーションをしたパンケーキがのった小児科の食器皿の写真が特にいいですね。ちょっとした手間ひまをかけるだけで、わたしたちがサービスしている人たちの人生を豊かにできるのだと、力強く表現していました。あなたがたは〝食べ物で遊ぶ〟という言葉に新たな意味を与えたのです。わたしたちは、病院のすべての場所に順番にあなたがたの写真を飾ろうと思っています。それから、子どもたちとスタッフのために、これらの写真でスライドショーもするつもりです。

匿名でみなさんに贈り物のバスケットをくださった方がいます。その方は、こうすることによって、彼の奥さんが六階に入院しているあいだにみなさんから受けたすばらしいケアへの感謝を表現しているのです。よくやりました！」

カードづくり――コーチする

〝コーチ〟のチームは、密かに行動していた。チャドは自分たちがしようとしていることを誰にも話さなかった。ビジョン・チャンスの写真が掲示された二週間後、ピンはチャドを追及した。

「調子はどう、チャド？」

「うまくいっているよ。きみに会えてよかったけど、急がなきゃならないんだ」

その後、ベスが〝コーチ〟チームの進み具合を尋ねると、肩をすくめ、静かに「まあ、そうせっつかないでよ」という答えが返ってきた。

時間がたつにつれ、以前より忙しい役目についているロンダは、特に心配になってきた。彼女は三つの要素がみな重要であることと、コーチングなしではビジョンが危うくなることを知っていたからだ。

授賞式から三週間後の金曜日の朝、ミス・スカルペルからロンダに電話があった。彼女は電話を喜んで受けた。ミス・スカルペルは、ロンダにとって友人でありよき指導者になっていたので、彼女が引退する日はきっと悲しい思いをすると確信していた。**ミス・スカルペルと初めて出会ったときから、なんて変わったのかしら。**とロンダは思った。

「ロンダ。フィルのオフィスに来てくれませんか？」

「ええ。何かあったんですか？」

「急ぎではないんですが、もしいま忙しくなければ、フィルのオフィスに来てほしいの」

「すぐに行きます」ロンダが言った。

6　行動に移すとき

「来てくれてありがとう」フィルが言った。ロンダは彼のオフィスに足を踏み入れるなり、きれいな手書きの文字で書かれたカードの山を渡された。

「チャドは自分のチームのメンバーと残業していた。何をすべきか思いつくまで時間がかかったそうだ」とフィルが言いだした。「これから、チャドがこのカードをどう使ってほしいと思っているか説明してもらおう」

「こういうことです」とチャドが言った。「コーチをするときは、階級とか年齢とか考える必要はない。ぼくたちはみな同じ責任を持っているんだ。地位のことを言わずにコーチすること、そして、わけへだてなく誰からもコーチを受ける責任。それに、コーチされたことを受け入れる権利も、却下する権利もある。

コーチングはひとりよがりなものではなくて、ビジョンを鮮明に維持するのに役立てるための責任なんだ。コーチングは会話をほんとうのものにし、仕事を単に報酬のためではなくやりがいのあるものにするのに役立ってくれるんだ。

ぼくたちはいまから六階で一週間のコーチング運動を始めてみようと思う。ぼくたちはそれぞれ、カードに書いてあることをべつの誰かに説明し、それからその人に残りのカードの束を全部渡す。受け取った人は同じことをしなければならない。でも、新しい人を見つけて、残っているカードを渡さなければならないんだ。つまり、まだカードを受け取っていない人にね。

手がかりとなるカードを見て、何か質問がないか考えてみてくれる？」

“コーチ”の手がかり

- あなたはグッド・サマリタンのビジョンに参加し、自分のビジョンを探しはじめていますか?
- あなたは、ビジョンをよりよく実現するのに役に立つかもしれないアイデアを持っている人から、喜んでコーチを受けますか？

✂進んで他人にコーチしますか？

✂コーチを受け入れるか、却下するか、各自に権利があることがわかっていますか？

✂必要なときには、コーチを頼みますか？

✂自分の仕事からコーチの例を考えることができますか？（お互いに挙げてみてください）

✂コーチ・チームの一員になる準備はできていますか？

❧さあ今度はあなたの番です。このカードの束の残りを受け取り、別の人に渡してください。カードは一枚手元に置いておいてください。

❧自分自身のコーチの話をほかの人に話し、その人に同じようにするよう伝えましょう。

❧幸運を祈ります！

彼らは六階に戻った。三日もたたないうちに、その階の全員がカードを受け取った。

おわりは？――いつもぴちぴちなグッド・サマリタン

そしてグッド・サマリタンのビジョンはいまでも新鮮なまま維持されている。一つの会話、一つのビジョン・チャンス、一つのコーチが同時に実現しているのだ。六階で確立されたモデルは基本となり、そこからその原理が病院と、ホスピタル・グループ全体に行きわたった。大きな変化を起こすのは難しいが充実感があるということには疑問の余地がない。だが、一生懸命努力して成し遂げた変革が色あせはじめてきたら、難問が現われる。つまり、古いやり方に戻ろうとする引力が発生しても、変化を維持することである。だからこそ、長いあいだ成功をおさめつづける者には、最高にすばらしいご褒美が与えられるのだ。せっかくの変化を大切にしよう。

見つける 実現する コーチする

そして、長い期間にわたって一生懸命仕事をすることによって得られるものを、喜びをもって受けとめよう。

その後

いま、グッド・サマリタンを訪ねると、おなじみの面々にまだお目にかかれる。ロンダはすぐれた管理者に成長している。アンを失ったことにはとても心を痛めているが、アンの残してくれたものにも気づいている。ロンダは患者や同僚をより深く思いやるようになった。それは彼女の〝何か〟が発展していることの一つの表われである。フィルとマデリーンは現在いっしょに仕事を立ちあげている。二人はしばしば洞察力とインスピレーションを得るために、グループを引き連れてグッド・サマリタンに来るが、グループに〝やるべきこと〟のリストを与えたりはしない。「いまは行動のときだ！」ピンはセッションが終わるたびにそう説明する。

グループがもっと例が必要だとぶつぶつ文句を言いながら帰ろうとすると、マデリーンとフィルはいまやその手の抵抗を扱うエキスパートになっているので、彼らに質問をし、発言を丹念に検証して、新しいグループが自分自身の道を築き上げ、一人ひとりの特別なビジョン・チャンスがつくれるよう、力になっている。

ジュアンは看護師のリーダーになり、自分なりのアイデアや専門知識を得ようとがんばっている。そして、スタッフが〈タカラ・ツー〉へ研修に行くと、必ず外で行列しなければならなかったことに不平を言いつつも、店内での経験に驚いて帰ってくる。

そして、壁には新しいポスターが貼られている。

今日の厳しい職場環境のなかでビジョンを維持する秘訣は、各自が大きなビジョンのなかに自分の“何か”を見つけ、実現し、コーチすることである。

多くの人々は参加することの重要性を語るが、参加は我々が実際に行動に移さない限り抽象的なままである。以下の行動を起こすことで、自分が参加していることを示そう。

“何か”を見つけ、実現し、
コーチしよう

訳者あとがき

新学期を迎えたり、新社会人になったばかりのころは、一生懸命勉強しよう、バリバリ働こうとはりきっていたはずなのに、月日が経つうちに、新しい生活はマンネリ化し、新鮮な気分もどこへやら、ぼんやりと退屈な毎日を過ごすようになってしまった。そんな体験をお持ちの方は多いと思う。会社の研修やビジネス書などにインスパイアされ、再出発するような気持ちで仕事に取り組んでいたものの、いつのまにかその意気込みを失い、以前の平凡な日々に逆戻りしてしまった、そんな方もいらっしゃるかと思う。

本書『フィッシュ！　おかわり』は、そんなふうにならない方法、元気とモチベーションを長続きさせる秘訣を、寓話形式でやさしく教えてくれる。実在するシアトルの魚市場、パイク・プレイスでは、魚を威勢よく放り投げるようにして扱い、それをショーのようにしてみせて、お客も店員も楽しんでいるという。『フィッシュ！』には、この魚市場をヒントにした、職場活性化の知恵が詰まっていた。シリーズ三作目となる本書『フィッシュ！　おかわり』では、病院を舞台にしたストーリーを通して、新たな知恵を示してくれる。

この病院のスタッフたちは、〈フィッシュ！　哲学〉を学び、実践して、一度は活気あふれる職場をつくりだした。ところが、せっかくの変化も、月日が経つうちに色あせ、もとのぎすぎすした暗い雰囲気の職場に戻りつつあった。そのことに気づいたある看護師が、ニューヨークの行列のできる寿司屋を訪れ、その店からヒントを得て問題を解決しようとする。その行列は、飲食店の激戦地にあって四年間も毎日続いているという。威勢のいい寿司職人たち、細かい気配りをしてくれるウエイターたち、アットホームな雰囲気、そしてもちろん新鮮でおいしい寿司。店内は活気に満ちあふれ、それこそ〝ぴちぴちな魚〟でいっぱいだった。

この店は、その活気をどうやって長続きさせてきたのか。秘訣はたったの三つ。どれも単純な秘訣なのだが、これらを知れば、目から鱗が落ちるように新鮮な気持ちを維持し、職場をいつもぴちぴちにしておくことができるのだ。看護師は、それが、ひとりの人間として毎日をはつらつと生きる方法でもあることを知るのである。

病院に限らず、あらゆる組織が元気を取り戻し、そこに生きる個人個人がいきいきと毎日を送るためのヒントが詰まった本と言えるだろう。

青山　陽子

津田塾大学国際関係学科卒．訳書に『パパ、ママ、あいしてる』デザリック，『戦火のバグダッド動物園を救え』アンソニー＆スペンス（以上早川書房刊），『波間のエメラルド』『カリブの潮風にさらわれて』ジョハンセンなど多数．

フィッシュ！　おかわり
オフィスをもっとぴちぴちにする3つの秘訣

二〇〇三年五月　十五日　初版発行
二〇一一年二月二十八日　五版発行

著者　スティーヴン・C・ランディン
　　　ジョン・クリステンセン
　　　ハリー・ポール
訳者　青《あお》山《やま》陽《よう》子《こ》
発行者　早川　浩
発行所　早川書房

東京都千代田区神田多町二ノ二
電話　〇三-三二五二-三一一一（大代表）
振替　〇〇一六〇-三-四七七九九
http://www.hayakawa-online.co.jp

印刷所　精文堂印刷株式会社
製本所　大口製本印刷株式会社
定価はカバーに表示してあります
Printed and bound in Japan

ISBN978-4-15-208495-8　C0034
乱丁・落丁本は小社制作部宛お送りください。
送料小社負担にてお取りかえいたします。